L'empire des coachs

Roland Gori et Pierre Le Coz

L'empire des coachs

Une nouvelle forme de contrôle social

Albin Michel

Introduction

> « Lorsque nous voyons souffrir quelqu'un, nous saisissons volontiers l'occasion offerte de prendre possession de lui. C'est là, par exemple, ce que fait l'homme charitable et compatissant, lui aussi croit éprouver de l'amour dès qu'il désire une nouvelle possession et il y trouve du plaisir comme à l'appel d'une nouvelle conquête. »
>
> F. Nietzsche, *Le Gai Savoir.*

To coach signifie « entraîner » ou « accompagner » dans le sens actif de « motiver ». Ce verbe anglais a pour origine un mot français, « coche », qui, au XVIe siècle, désigne une voiture tirée par des chevaux et conduite par un cocher. Le coach, suivant cette signification originaire, est celui qui fait avancer les voyageurs ; c'est grâce à lui qu'ils peuvent bouger, se déplacer d'un endroit à un autre. La première extension sémantique le doit au domaine du sport où le coach va devenir l'entraîneur sportif des équipes de football américain. Le coaching désigne une technique de mobilisation et de stimulation des ressources psychologiques du sportif de haute compétition, destinée à compléter son entraînement physique par une préparation mentale censée optimiser ses performances. Cette extension, amorcée aux États-Unis dans les années 1950, va gagner l'ensemble du domaine sportif au cours des années 1980 où le coaching désignera le conditionnement mental du champion, qui n'est plus seulement un corps à entretenir mais un stock de ressources psychiques à maximiser.

Qu'il s'agisse d'optimiser la concentration de l'athlète à l'affût d'un record à battre ou le potentiel psychique des joueurs d'une équipe, le coach se présente ainsi comme un stratège de la « mentalisation ». Il s'active au bénéfice de ceux qui visent « plus vite, plus haut, plus fort », selon la devise des Jeux olympiques formulée par Pierre de Coubertin. Meneur d'hommes, le coach assume des fonctions de préparateur mental, étant entendu que les sportifs de haut niveau sont capables de performances physiques équivalentes et que ce qui les départagera relèvera de la force du conditionnement mental. Le coaching s'annonce ainsi comme un multiplicateur de compétences.

Améliorer ses performances, augmenter ses compétences, intensifier sa puissance... La rhétorique qui alimente le fonds de commerce du coaching entre en totale consonance avec l'idéologie ultralibérale de notre temps. Aussi n'y a-t-il rien d'étonnant à ce qu'il ait pu essaimer hors de son foyer sportif d'origine en dilatant son champ d'intervention dans des sphères extérieures à la compétition physique. Sans avoir déserté les stades, le coaching a très vite su s'exporter dans le domaine de l'entreprise et c'est essentiellement en qualité de pratique *managériale* qu'il a gagné la France dans les années 1990 [1]. À croire qu'il y a un air de famille entre le milieu du sport et celui de l'entreprise. La logique de l'un nous éclaire sur la logique de l'autre : la continuation de la guerre par d'autres moyens. Et avec d'autres stratèges : les coachs. Deux apôtres notoires de notre idéologie de la puissance, Pierre Angel et Patrick Amar, n'ont pas manqué de constater qu'« en entreprise, les enjeux et les comparaisons en termes de compétition, d'excellence, de besoin de dépassement justifient une telle approche [2] ». Par la gymnastique psychique du coaching, il s'agira pour une entreprise de « muscler l'esprit pendant plusieurs générations », comme le dit romantiquement un prestigieux coach américain traduit en onze langues [3]. Dans ce nouveau contexte, il incombe aux entraîneurs du moi d'aider les jeunes cadres à rester dynamiques (ou les plus vieux à le redevenir) en actualisant le potentiel énergétique et mental dont ils sont porteurs.

À lire ces témoignages – et ils ne manquent pas, que ce soit dans les librairies de gare ou sur les sites électroniques –, le coach est débordant de bons sentiments à notre égard. Certes, il demande beaucoup d'argent, mais soyons-en assurés, il n'a qu'une seule idée en tête : aider son client à prendre de la hauteur, à ajuster son style de vie à ses ambitions professionnelles. Par bonheur, les ambitions du coaché, même s'il n'en a pas immédiatement conscience, coïncident avec celles de l'entreprise : sa volonté la plus profonde est d'accroître ses performances, de se sentir plus rentable et productif. Si le coaché ne parvient pas à s'adapter à son environnement économique, le coach l'aidera à surmonter cette petite défaillance ontologique... Par exemple, il se peut qu'un dirigeant se sente embarrassé lorsqu'il s'agit de licencier ou de délocaliser du personnel. Comment se désencombrer de ce scrupule archaïque de justice sociale ? Moyennant une petite rétribution, le coach peut l'aider à changer sa vision de la situation. En effet, comme l'écrit Whitmore dans son *Guide du coaching*, « tout se joue dans nos têtes [4] » ! On peut tout apprendre, même à supporter la souffrance des autres. Le coach enseigne l'art d'imposer son jeu à ses adversaires, comme dans n'importe quelle compétition sportive : « L'exercice, qui allie soutien psychologique et assistance à la décision, est largement influencé par les méthodes appliquées dans le monde sportif. Ici, les grands matchs à gagner, ce sont les défis liés au changement dans l'entreprise, tels que fusions, restructurations ou internationalisation [5]. »

Et le coaching tient ses promesses : « Il permet à une personne, un groupe, d'améliorer ses propres performances pour mieux répondre à la demande de l'entreprise, soucieuse de son efficacité », ainsi que l'écrit la Société française de coaching [6]. Il faut accorder crédit à ses promoteurs s'ils prétendent que leur fantasme est de préparer l'avènement d'un conformisme social généralisé. Les croire dans leur prétention à inculquer une mentalité de

« gagnant » chez les managers qui tombent comme des mouches (du coach) entre leurs mains... Avoir confiance aussi dans leur pouvoir de normaliser les esprits en les assujettissant aux impératifs de rentabilité économique.

Pour l'heure, la clientèle privilégiée du coaching demeure celle de jeunes cadres désireux d'accroître leur rayonnement auprès de leurs subordonnés ou bien celle de salariés qui aspirent à prendre de l'envergure en endossant des responsabilités nouvelles au sein de leur entreprise. Cependant, le succès actuel que rencontre cette forme d'accompagnement personnalisé dans des milieux étrangers à l'univers de la marchandise atteste qu'une nouvelle forme d'assujettissement des masses est bel et bien en route. Nous sommes notamment les contemporains de l'essor d'un « coaching-santé » au sein des établissements de soin qui consacre le triomphe universel du paradigme sportivo-managérial. En effet, le coaching émerge à l'interface de cette culture sportive du moi et de la médicalisation de l'existence. Comme nous aurons l'occasion de le montrer, la rhétorique du sport croise celle des discours de santé publique qui disent aux populations comment elles doivent vivre pour vivre bien et plus longtemps. Traditionnellement conçu pour être un espace d'hospitalité et d'accueil de la souffrance humaine, l'hôpital aurait-il désormais vocation à reproduire le schéma managérial qui modèle la vie des entreprises ? La question est bien de savoir quel peut être le coût psychologique de ce genre d'exportation sauvage.

Quelles sont les sources du succès croissant de cette nouvelle « relation d'aide » auprès des entrepreneurs, des managers, des soignants, voire de nos concitoyens ? De quelles fragilités est-elle symptomatique ? Que veulent au juste les coachs et de quels pouvoirs sont-ils les opérateurs ? Quels objectifs et quelles méthodes se donnent-ils pour répondre à la demande croissante des entreprises, des administrations ou des particuliers ? La stratégie « coaching » peut-elle s'étendre à n'importe quel domaine de l'existence ? Y a-t-il des champs de l'activité professionnelle auxquels son application serait appropriée et d'autres non ?

La question de fond est de savoir si le coaching n'est pas un remède pire que le mal qu'il prétend conjurer. Ne s'agit-il pas d'une solution à une situation de crise du lien social qui, bien loin de nous aider à en sortir, risque de contribuer à nous y installer irrémédiablement ?

Nous n'en voulons pas particulièrement aux coachs et sommes prêts à concéder qu'un certain nombre d'entre eux œuvrent avec une réelle conscience professionnelle. Mais c'est le coaching en tant que symptôme qui a retenu notre attention. C'est de l'idéologie du coaching qu'il est question ici. Que nous dit sur notre époque l'engouement qu'il suscite ? La niche dans laquelle il s'est développé est celle d'une culture en crise : crise économique, crise du lien social, crise des valeurs, crise des processus de subjectivation. Au moment même où la *précarité* envahit tous les domaines de l'existence quotidienne, où la fragilité des liens humains donne au sujet et à autrui un caractère jetable, liquide, flexible, interchangeable, éphémère et contingent, le coaching apparaît comme un système de *contention sociale*, de domestication sécuritaire autant que comme un mirage psychologique.

1

Un nouvel opium du peuple ?

« Analyser tous ces comportements en termes d'entreprise individuelle, d'entreprise de soi-même avec investissements et revenus. »
M. Foucault, *Biopolitique des populations.*

L'entraîneur enterré

Puisque c'est par là que tout a démarré, commençons par revenir brièvement aux sources sportives du coaching. Jadis, on se bornait modestement à demander aux athlètes qu'ils soient compétents physiquement et techniquement. Pour ce qui était de leurs dispositions psychologiques et morales, elles semblaient relever surtout de données subjectives et contingentes. Il y avait des exercices physiques mais pas d'exercices psychiques. Les deux décennies qui se sont écoulées ont définitivement tourné la page de ce sport à papa. Aujourd'hui, par la grâce du tutorat psychique de ceux qu'on pourrait appeler les « grands frères », tout peut s'apprendre. La faiblesse de la timidité peut se convertir en force d'intimidation. Les coachs nous ont fabriqué une nouvelle race de sportifs, aussi baraqués dans leur tête que dans leurs biceps.

Plus rien ne doit être livré au hasard ou à l'approximation : le mental doit être formaté, rationalisé, optimisé par des techniques de conditionnement psychologique et l'acquisition d'automatismes comportementaux. Par exemple, en faisant défiler dans son esprit une série d'images et de phrases positives, le compétiteur chasse les mauvaises perceptions qu'il a de lui-même. Ainsi, s'il ne court pas suffisamment vite alors que le grand rêve de sa vie serait de bondir comme un lapin, il doit s'imaginer qu'il y a en lui une tortue invisible [1] qui ralentit sa marche. Cette tortue – selon les formateurs en coaching Guinochet et Durieux –, le sportif ne doit pas la dénier, au contraire : il doit dessiner mentalement les contours de sa carapace, la visualiser intérieurement, prendre conscience de sa présence invisible en lui. Comme le disent très poétiquement les auteurs de cette métaphore, « l'écoute de notre tortue intérieure ne peut être que bénéfique [2] ». La « clé d'un bon coaching », selon leur expression, c'est la visualisation intérieure. Vous vous sentez timoré ? Il vous suffira d'associer mentalement à ce sentiment « négatif » l'image d'une tortue et le tour sera joué. Il ne vous restera plus alors qu'à faire surgir le lapin de votre terrier intérieur.

L'idée va faire fortune : le mal de n'être que ce que l'on est peut être circonscrit, visualisé et dissipé. À l'image, il faudra toutefois associer le son d'une voix intérieure. Se mentaliser pleinement, c'est se dire tout bas que celui qui parle en nous est une tortue et non pas un lapin (le vrai moi auquel doit s'identifier le sportif). Nous aurons l'heureuse occasion de découvrir que notre vrai moi est un « champion ». C'est du moins la grande trouvaille conceptuelle du maître incontesté du coaching français Vincent Lenhardt (un millier de coachs formés par ce diplômé de HEC depuis 1989 [3]). Pour nous libérer du blocage psychologique qui nous empêche d'accéder à notre idéal de toute-puissance, nous avons besoin de répéter des phrases en liaison avec les images qui ont donné une forme visible à nos états affectifs : « Je ne suis pas cette tortue qui retarde ma marche ! Je suis un champion ! » En ce sens, et grâce au coaching, « un mot devient un mantra [4] ».

Il n'en fallait pas davantage au coach pour renvoyer le vieil « entraîneur » dans les vestiaires du passé. Être « entraîneur », c'est dépassé. Et on comprend que le coach refuse de se confondre avec lui : « Le coach se distingue de l'entraîneur car il ne s'intéresse pas seulement aux domaines techniques et tactiques mais aussi et surtout à l'homme [5]. » Du reste, le mot « entraîneur » est de moins en moins souvent utilisé par les sportifs lors de leurs interviews. Ils sont de plus en plus nombreux à parler de leur « coach ». Ce terme, avouons-le, sonne mieux. Il connote une dimension de profondeur spirituelle que le mot prosaïque d'« entraîneur » ne véhicule pas du tout. Parce que sa connaissance est trop étroitement ciblée sur la dimension physique des athlètes, l'entraîneur est un ringard profondément superficiel. Psychorigide de nature, l'entraîneur demandait aux joueurs de laisser leur sensiblerie aux vestiaires ; il répandait autour de lui une atmosphère vaguement militaire. Le coach est plus humain, plus accessible à l'empathie. Expert de l'âme autant que sécheur de larmes, il sait réchauffer les cœurs, apporter un soutien psychologique et moral en consolant son poulain au moyen d'une « philosophie de la vie » qui l'aide à relativiser ses contre-performances : « Le coach doit aider l'athlète à accepter la vie comme elle est, avec son lot de joies et de tristesses, de bonheur et de malheur, de plaisir et de souffrance[6]. » Les jours où le pain est sec, il apporte le beurre pour le rendre plus digeste...

Quand le malheur des uns remplit la cagnotte des autres...

Le coaching a pu très vite s'étendre en dehors de son contexte sportif originaire et rencontrer un écho favorable dans le domaine de l'entreprise. Muni d'une seringue psychothérapeutique, le coach répond à l'anxiété diffuse que génèrent le rythme et les exigences de la vie économique contemporaine. Il accourt pour injecter une dose de sens dans les veines de l'homme d'affaires menacé par un accès de lucidité sur soi. Il perfuse cadres, managers, dirigeants d'entreprise qui vivent dans l'incertitude de leur destin, qui ont besoin de se sentir écoutés et sécurisés. Il vend son aide à tous ceux qui souffrent du rythme infernal imposé par l'activisme managérial ambiant axé sur l'obsession de la rentabilité et l'augmentation du chiffre d'affaires. Il monnaye son savoir-faire à ceux qui ont peur de commettre des erreurs stratégiques qui leur seraient fatales dans l'impitoyable course aux parts de marché. Quant à ceux qui traversent une période de doute, qui se sentent aliénés par l'absurdité d'un système qui absorbe la plus grosse quantité de leur temps et de leur énergie, il leur apprend à retrouver foi en leur destin, à croire que la crise existentielle qu'ils traversent n'est qu'une crise de croissance.

D'abord conçu pour les hauts dirigeants, le coaching s'est peu à peu étendu à l'ensemble des cadres d'entreprise avec une ambition passablement totalitaire qui a de quoi faire frémir lorsqu'elle se double d'une prophétie plausible : « Le plein potentiel de performances des collaborateurs ne sera libéré que lorsque les principes du coaching *régiront et sous-tendront tous les comportements* et les interactions de management, ce qui, à mon avis ne manquera pas d'arriver[7]. » Ainsi parle le nouveau Zarathoustra de notre temps, John Whitmore, grand prophète du surhomme néolibéral.

Reconnaissons que dans un monde où les hommes perdent leur vie à la gagner, le coach tire bien son épingle du jeu. Il arrive fréquemment qu'il ait lui-même vécu les effets déprimants de cet univers irrespirable de la compétition économique. En effet, puisqu'« il n'est pas nécessaire d'être diplômé en psychologie pour pratiquer le coaching[8] », le coach est souvent lui-même un ancien manager. Le stress, il sait ce que c'est : il a donné... Homme d'affaires qui s'est tiré d'affaire, il peut parler en connaissance de cause. Même si la profession de coach, du fait de la saturation actuelle du marché[9], ne suffit pas toujours à gagner sa vie, il est quand même plus agréable de regarder les autres s'agiter dans tous les sens que d'être pris soi-même dans la mêlée.

D'autant que la souffrance des autres peut avoir du bon si on sait en tirer profit. On peut faire de l'argent avec tout, y compris et surtout avec le mal de vivre. Le coaching a reformulé le cogito cartésien : « Ils souffrent donc je suis. » Cette souffrance professionnelle le doit à l'absence de repères et au climat d'incertitude qui règne dans le monde de l'entreprise. Comme l'écrit un coach, le changement, « surtout quand il est imposé de l'extérieur, génère [...] des ruptures, des pertes de repères, du stress et de l'incertitude d'une nouvelle situation[10] » ! Vincent Lenhardt évoque le sentiment de grand désarroi et de solitude intérieure que vivent les décideurs à notre époque. Il pointe le besoin de « sécurité ontologique » que ressent le dirigeant fragilisé par les paradoxes dans lesquels son propre succès finit par l'enferrer : « Plus il est en difficulté, moins il peut le montrer ; plus il a grandi, plus il se croit obligé de se débrouiller seul ; plus il est dans une situation de responsabilités, plus il est fantasmé par lui-même et par les autres[11]. »

Qui accroît son pouvoir accroît aussi sa douleur dans la mesure où il lui faut assumer un surcroît de responsabilité et de travail l'obligeant à déléguer des tâches à des subordonnés qui n'ont pas forcément la même motivation que lui. D'un côté, l'élément d'incertitude dans lequel son entreprise est destinée à évoluer justifie son appréhension du monde extérieur. Il vit dans un monde de concurrence où rien n'est acquis, où tout peut arriver, le pire comme le meilleur. D'un autre côté, cette anxiété, pour naturelle et compréhensible qu'elle soit, ne doit pas transparaître sous peine de se communiquer à ses coéquipiers et de précipiter sa chute.

La situation du cadre d'entreprise est d'autant plus difficile à vivre que si un échec professionnel menace de réactiver en lui de vieilles blessures narcissiques, une promotion qui couronnerait sa réussite l'expose à des tourments tout aussi redoutables : « Bienheureux s'il échappe au complexe de l'imposteur ("Jusqu'à présent j'étais le seul à savoir que j'étais nul et je suis arrivé à le cacher ; maintenant que je prends ces responsabilités nouvelles, ça va se voir !") [12]. » L'accès à un nouveau poste génère anxiété et agressivité par la peur d'être un imposteur qui trahit un manque d'estime de soi.

À des individus dont la vulnérabilité s'accroît à mesure que s'élève le niveau d'exigence des firmes pour lesquelles ils s'investissent, le coaching offre un airbag psychologique qui apaise un intense besoin d'être sécurisé : « Le coaching aide à faire le point, à traverser une crise passagère ou à trouver un second souffle [...] il permet de relâcher les tensions et de mieux gérer le stress[13]. » Les tensions et le stress altèrent les relations entre les membres d'une équipe et cela peut retentir défavorablement sur le chiffre d'affaires.

Le secret du coaching, pour remédier à ces fâcheux dysfonctionnements de la communication interprofessionnelle, c'est d'aider l'équipe à « positiver » ses échecs. Par exemple, si le membre d'une entreprise se plaint d'avoir affaire à un coéquipier « têtu », il l'aide à changer sa représentation en l'entraînant à dire « ténacité » là où il parlait d'« entêtement ». S'il se sent émotionnellement perturbé par une parole déplaisante et enclin à riposter par la colère, il accomplit un geste simple, tel que serrer un poing, pour se remettre en mémoire un paysage bucolique auquel il a associé cet automatisme physique par conditionnement psychologique.

Nombreuses sont les techniques qui procèdent par incitation à des visions mentales, de l'auto-hypnose au rêve éveillé, en passant par le *visionning* qui vous aide « en vous faisant passer du réel où tout semble bloqué à l'imaginaire où tout est possible » par projection « dans des spéculations mentales originales et un peu décalées[14] ». Ces recettes de cuisine psychologique supposent l'instauration d'un climat de confiance qui soit de nature à « apprivoiser le stress ». En cela, le coaching s'inscrit dans la filiation des approches psychothérapeutiques de Carl Rogers, l'un des principaux fondateurs de la « psychologie humaniste ». Cet affable psychologue américain a divulgué dans les années 1960 une vision rose bonbon de l'homme, cet être bon par nature et né pour être content de vivre. « Le but de la psychologie humaniste est la pleine réalisation du potentiel humain par la prise de conscience[15]. » La pleine réalisation de ses capacités à laquelle l'individu aspire est à sa portée puisque, parmi ses capacités, il possède précisément celle de dépasser les obstacles psychiques liés à des souffrances passées.

Ce qui plaît aux coachs, dans la « psychologie humaniste », c'est sa valorisation du changement et du potentiel humain de s'y s'adapter. En effet, la bonne nouvelle que nous annonce Carl Rogers, c'est que si tout change autour de nous, il ne faut pas s'en inquiéter dans la mesure où de toute façon nous aussi nous changeons, et c'est ce qui s'appelle la maturation. Du reste, Carl Rogers lui-même au cours de sa vie a mûri, en changeant plusieurs fois de cycles d'études (formations d'agronome, de séminariste, de psychologue, etc.) avant de devenir adéquat à son vrai moi. Il n'avait pas de coach à l'époque mais il a probablement su avant l'heure développer ces « techniques d'auto-coaching susceptibles de permettre une amélioration et des découvertes permanentes » dont parle Whitmore[16].

Rogers a lancé la vogue tous azimuts de ces tuteurs « non directifs » et « non prescriptifs[17] » qui se proposent gentiment de nous accompagner afin que nos changements s'opèrent en direction de la pleine réalisation de notre Moi. Recyclage néolibéral de la psychologie humaniste, le coaching aide les adolescents attardés que nous sommes à ne pas nous opposer au cours du monde, à dire oui à ce qui advient. Le monde change sous l'impulsion frénétique de la production de biens et de services. Or, il n'y a pas de raison que ce changement ne soit pas bon puisqu'il est le fruit de l'activité des hommes qui sont bons par nature... Être humaniste, n'est-ce pas croire en l'homme ? Le coach est le meilleur ami de l'homme : « Pour obtenir le meilleur des gens, nous devons croire que ce meilleur existe en eux[18]. »

Nos nouveaux psychologues humanistes soulignent l'importance des conditions d'ambiance dans les processus de changement. Le coach, à l'instar du « psychothérapeute non directif » de Rogers, crée les conditions d'un dialogue constructif et empathique en aménageant un environnement matériel propice à éloigner les soucis et les contrariétés quotidiens, à dissiper les pensées et les émotions parasites. Il faut que le coaché soit confortablement installé et, dès qu'il sera bien relaxé, il commencera à voir la bouteille à moitié pleine là où il la trouvait à moitié vide. D'après les manuels qui donnent les « clés d'un bon coaching », « il convient de choisir un lieu mais aussi un espace temporel confortable, neutre et susceptible de favoriser l'expression[19] ».

Mais pour faciliter la transparence à soi-même et à autrui, le coach n'incite pas seulement à la relaxation. Il exhorte à la pratique de la respiration abdominale, de tests pour détecter sur son corps les signes du stress, contrôler le rythme cardiaque et les modifications de la pression sanguine. On peut donc retrouver équilibre et sérénité à partir d'exercices corporels qui accompagnent les chemins escarpés de la vision mentale et des rêveries éveillées. Ainsi, on devient transparent non seulement à soi-même et aux autres mais les messages de notre propre corps deviennent plus limpides. Et si cela ne suffit pas à fédérer des énergies psychiques et physiques, le coach pourra toujours nous faire courir dans un parc ou un parcours santé, tant il est vrai que « la meilleure façon d'éviter du stress passe souvent par une oxygénation sportive[20] ». À moins que votre entreprise, soucieuse d'impliquer votre corps autant que votre mental, ne s'aligne sur les pratiques de certaines entreprises asiatiques, qui imposent des séances de gymnastique collective à leurs salariés avant qu'ils ne rejoignent leur poste de travail.

Le marchand de sens est passé

Ce ne sont pas seulement les conditions stressantes de la vie professionnelle qui ont rendu nécessaire un tel apprentissage de la maîtrise de sa sensibilité et de la confiance en soi. Au-delà du monde de l'entreprise, c'est la faillite des instances dispensatrices de sens (la religion, la patrie, la famille, la morale, le parti, le sens de l'histoire, etc.) qui expose nos contemporains à de nouvelles formes de servitude. Comme le note un formateur en coachs, « la perte est importante des repères qu'offraient les institutions traditionnelles telles que la famille, l'éducation, l'entreprise en tant qu'institution offrant dans le passé une stabilité d'emploi et une possibilité de carrière programmable à long terme, et d'autres institutions comme les institutions religieuses, l'armée, etc. [21]. » Notre temps n'est plus à la rédemption. Le passé ne saurait servir de repère pour dessiner les contours de l'avenir. Demain n'est plus à l'apocalypse ni après-demain au retour glorieux du Christ. C'est l'incertitude qui occupe désormais la place vacante de l'avenir. Le récit du passé est illisible et l'avenir indéchiffrable. D'un côté une page jaunie, de l'autre une page blanche. D'où venons-nous ? Où allons-nous ? Il n'y a plus de réponse. À moins de se tourner vers les coachs ? Parlant de la « quête de sens », Whitmore affirme que « le moment est peut-être venu qu'elle soit pleinement reconnue dans le monde de l'entreprise [22] ». Le coach est l'avenir de l'Homme : « Les coachs d'entreprise ou personnels devront acquérir des compétences et suivre des formations supplémentaires pour pouvoir *s'attaquer efficacement et facilement à des questions aussi profondes* [23]. »

Effectivement, la demande est là et le succès actuel du coaching le doit sans doute, en partie, à son abord sans détour des questions existentielles. Comment comprendre qu'un nombre croissant de nos contemporains puisse s'en remettre aux coachs pour exprimer des interrogations de cette nature ? Y aurait-il en nous une sourde aspiration à se laisser diriger ? Comment comprendre que le désir de croire puisse à ce point l'emporter sur la volonté de savoir ? Avançons une hypothèse empruntée à la psychanalyse : ce qui existe en nous, c'est une propension à projeter sur un Autre un savoir qui dépasse nos capacités de nous comprendre nous-mêmes. Toute la jouissance du coach vient précisément de ce qu'il sent qu'on lui prête volontiers ce savoir venu d'ailleurs, un savoir qui dépasserait l'entendement ordinaire. Le coaché s'imagine que son coach détient le secret des mécanismes explicatifs de son comportement.

Cette jouissance d'être celui qui est supposé savoir, percer le secret des comportements humains, explique sans doute aussi le prestige qui auréole aujourd'hui la fonction de coach. Ainsi, selon une enquête publiée par la revue *L'Expansion*[24], le cursus universitaire mis en place par le psychiatre Pierre Angel en mars 2004 connaît un tel engouement qu'il a fallu dédoubler les formations. En deux ans, six cents stagiaires ont obtenu leur diplôme de coaching de l'université de Paris-VIII. En dépit des prix exorbitants d'inscription à ces formations, les étudiants se bousculent au portillon et les listes d'attente s'allongent. La question même de savoir quels sont les débouchés ne leur vient pas à l'esprit. Ils la découvrent après coup. Leur empressement nous apprend quelque chose sur nous-mêmes, sur le fantasme d'accéder à la face cachée de notre être.

La psychanalyse a rendu compte de ce besoin de donner des causes et du sens à la souffrance en obtenant d'un Autre (un Père) un savoir supposé éclairer les raisons de notre conduite, nous transmettre les clés de notre destin. Nous pressentons que nous ne maîtrisons pas les déterminismes de nos conduites ou que les raisons que nous invoquons pour expliquer notre façon d'agir sont des rationalisations *a posteriori*. Nous attendons d'un Autre qu'il nous délivre ce savoir par la grâce duquel nous deviendrons transparents à nous-mêmes. Le succès du coaching tient à cette illusion qu'un Autre sait de moi ce que je pressens ignorer et qui me serait tellement important pour me comprendre moi-même. La psychanalyse freudienne a déjà enseigné qu'à travers certains symptômes cette facette obscure de notre être s'exprime fragmentairement (rêves, actes manqués). Elle a rendu compte du mécanisme du transfert par lequel le sujet projette sur le thérapeute ce savoir inconscient dont il est en quête.

Si ce manque à être revêt aujourd'hui les oripeaux du coaching, c'est parce que nous vivons le déclin des figures du Père céleste et de ses avatars séculiers. L'érosion de la figure du Père omnipotent et omniscient a préparé le champ libre aux coachs. La mort de Dieu fut la naissance des coachs. C'est à ces grands frères au jargon infantilisant que revient le soin de dire le sens de la souffrance, sa cause efficiente ou sa finalité. La fragilité des repères éthiques et l'absence de valeurs sociales fortes, le fait qu'il faille pour chacun « s'assumer » en s'inventant sa propre identité multiplient les causes d'angoisse en intensifiant ce besoin d'aller chercher auprès d'un Autre le savoir sur soi, sur sa condition et son destin. Chacun est renvoyé à la liberté de ses choix, tout en étant sommé d'être à la hauteur de l'être performant, toujours jeune et souriant que l'on attend de lui. Le poids de la responsabilité n'en est que plus écrasant. Chacun est désormais responsable de son destin et de sa santé. Si quelqu'un déclare un cancer, par exemple, c'est probablement parce qu'il s'est mal alimenté ou qu'il n'a pas été à l'écoute de son corps ; qu'il a été en dysharmonie avec son vrai moi.

On retrouve Carl Rogers qui considérait le mal-être et l'anxiété comme les résultantes d'une « inadaptation psychologique entre le concept de son moi et la totalité de son expérience ». Pour dire les choses plus simplement, si un individu n'est pas adapté, c'est qu'il est défaillant. Et de sa défaillance, c'est en lui qu'il doit chercher les causes. Le monde est si merveilleux que si nous ne parvenons pas à nous y épanouir, c'est que nous sommes inadaptés et qu'il faut vite aller chercher un coach pour nous ressaisir (« Le coaching renforce l'autonomie, l'estime de soi et la responsabilisation[25] »). Grâce au coach, nous allons apprendre à mûrir, nous allons nous rendre compte que ce n'est pas parce qu'un environnement nous paraît angoissant qu'il l'est effectivement. Pourquoi vouloir changer le monde alors qu'il est tellement plus simple de se changer soi-même ?

La thérapie de Rogers se définit comme un processus de changement appelé à épouser et creuser cette ligne d'autotransformation que suit spontanément l'individu au cours de son développement personnel jusqu'à l'épanouissement optimal. L'individu se développe suivant un système d'évaluation de ses expériences existentielles qu'il intègre à la conception qu'il se fait de son moi ; il enrichit favorablement la perception qu'il a de lui-même comme un être pleinement adapté au monde néolibéral dans lequel il a eu la chance de naître. Il apprend à réévaluer ce qu'il avait tendance à sous-évaluer. Son anxiété ou son mal-être procèdent d'une mauvaise évaluation des expériences qui ne sont pas congruentes avec les représentations gratifiantes qu'il se fait de lui-même. Mais ces désagréments intérieurs ne sont pas une fatalité. Car tout individu possède la capacité de repérer les facteurs de son inadaptation psychologique et de réagir adéquatement lorsqu'il rencontre cette dissonance entre les expériences de sa vie et celles de son moi.

La mise en œuvre de ce système d'auto-évaluation et de régulation des expériences suppose, chez Carl Rogers, la présence empathique et l'influence bénéfique d'autrui. En appliquant les techniques de valorisation inconditionnelle qui lui auront été transmises par un tiers bienveillant, le sujet tourmenté modifiera dans le bon sens son processus de changement. Il pourra vivre n'importe quelle épreuve existentielle sans entrer en contradiction avec lui-même et avec ses représentations narcissiques. Par exemple, si vous venez d'être licencié, il faut vous représenter que la démarche que vous menez pour retrouver un emploi est déjà en soi un vrai travail. De ce fait, vous découvrez que vous êtes moins coupé du monde du travail qu'il n'y paraît au premier abord. Vous êtes dans une période délicate et fragilisante qui peut entamer votre narcissisme autant que votre compte en banque et éventuellement vos relations amoureuses. Grâce à un coach vous pouvez positiver en faisant le deuil de votre ancien emploi, en bâtissant un solide projet professionnel et en profitant de l'occasion pour développer votre réseau relationnel. Comme l'écrivent Fanny Guinochet et Jean-Christophe Durieux, pour accéder à ce « marché caché [de l'emploi] une stratégie de *networking* s'impose[26] ».

Mais solliciter l'autre n'est pas aisé. Si certaines personnalités sont rompues à l'exercice, pour d'autres c'est un véritable challenge. Le coach vous prodiguera des techniques de prise de parole afin de mettre sur pied vos argumentaires[27]. Il vous accompagnera dans une voie de réorganisation des valeurs au moyen desquelles vos expériences seront rendues davantage compatibles avec vos besoins narcissiques. Parce qu'elle modifie la représentation de ses expériences, par l'empathie et la recherche de sens, dans l'intersubjectivité, l'aide psychologique permet de reconstruire les représentations des expériences que l'on vit et, partant, le regard que l'on a sur soi-même.

Récapitulons. Le fait de vous faire virer par un vilain capitaliste soucieux uniquement de rentabilité pourrait entamer la confiance que vous avez en vous-même et dont vous avez besoin dans la constitution de vos idéaux narcissiques. Et ce d'autant plus que, depuis l'école maternelle, vous vous prépariez à de nobles fonctions quitte à renoncer aux plaisirs de la vie pour réussir vos études et votre carrière. Votre licenciement constitue dès lors un événement dissonant avec votre concept du Moi. Grâce au coach, apprenez à positiver votre malheur ! Modifiez la représentation négative de votre licenciement. De même, le temps rendu disponible par votre perte d'emploi va vous permettre de réactiver votre réseau relationnel, ce capital non imposable de vos investissements bio-psycho-sociaux. Vous allez apprendre à y voir l'occasion irremplaçable de mettre à l'épreuve la fiabilité et la solidité de vos amitiés et de vos alliances. En un mot, vous allez vous offrir une authentique expérience de vie. Vous découvrirez dans le même mouvement que vous aviez perdu votre vie en voulant la gagner et que vous avez eu bien tort de négliger, naguère, les avances de votre secrétaire. Le temps rendu disponible va vous permettre de faire du sport, de pratiquer de nouveaux loisirs et de remettre votre femme au travail. L'http ://www.apec.fr vous permettra, qui plus est, de restaurer des « conditions de valeur » de cette expérience de vie, en rencontrant votre coach pendant huit mois à raison de deux heures par semaine, pour la modique somme de 250 euros de l'heure. Comment ne pas être heureux dans le *feed-back* de cette expérience qui vous donne le droit de vous réconcilier avec vous-même en réduisant la dissonance cognitive et émotionnelle créée par le licenciement ? Et comment l'entreprise qui vous a viré ne serait-elle pas elle-même heureuse de votre nouveau bonheur malgré votre idée saugrenue de la déférer aux prudhommes ?

La stratégie du méli-mélo

Avant que n'apparaissent les coachs, on pensait parfois qu'il suffisait d'être respectueux à l'égard de ceux qui travaillent pour qu'ils soient consciencieux et efficaces. Mais il a bien fallu se rendre à l'évidence. Comme l'écrit François Delivré, « la reconnaissance, si excellente soit-elle, ne donne pas automatiquement au salarié l'envie de mettre toute son énergie au service de l'entreprise : ce n'est pas parce que le manager dit bonjour à ses coéquipiers le matin qu'ils travaillent en chantant tout le jour. Restait donc le dernier étage de l'"accomplissement de soi", et c'est celui qui explique l'apparition actuelle du coaching[28] ».

Même lorsqu'il s'adresse aux responsables d'une entreprise, l'accompagnement coaching déborde le cadre strictement professionnel. Il inclut, parmi ses objectifs, le « développement personnel » qui lui donne une tonalité philosophique. Le coaching engage toute une conception de la vie doublée d'une anthropologie qui permet à l'individu de reposer ses problèmes ponctuels à l'aune d'une vision panoramique de son existence. Le souci qui motive le donneur d'ordres, souci d'accroître les performances professionnelles des cadres de l'entreprise, va de pair avec la prise en compte de leurs aspirations ontologiques (quel être voudrais-je devenir ?). L'idéologie du coaching repose sur l'idée qu'il n'est pas judicieux de « découper artificiellement l'être humain entre sphères personnelle et professionnelle[29] ».

Aussi les techniques de gestion du stress ou de persuasion que dispense le coach ne sont-elles pas exclusivement destinées à créer des managers plus rentables pour l'entreprise. Si le coaché pressentait que la manœuvre sert à déguiser habilement l'intérêt du dirigeant qui rétribue le coach, l'opération serait vouée à l'échec. Il est essentiel qu'il aperçoive que les techniques qui lui sont prodiguées lui seront personnellement bénéfiques. Le coaching est au service d'une *praxis*, d'un travail de soi sur soi destiné à aménager, dans l'espace mental du cadre, le confort psychologique de base dont il a besoin pour assurer le bon fonctionnement de son équipement cognitif.

C'est toute l'originalité de cette forme nouvelle d'accompagnement que d'avoir réussi à annexer le territoire intime du questionnement existentiel au champ de l'activité professionnelle. Les formateurs de coachs vont parfois jusqu'à donner la priorité au développement personnel sur les nécessités professionnelles. C'est ainsi que Vincent Lenhardt définit le coaching comme étant « l'aide apportée par un accompagnateur externe ou interne à l'entreprise, pour la résolution de difficultés professionnelles *en vue du développement durable de la personne*[30] ». Les cadres et les dirigeants trouvent dans le doping psychoaffectif que leur offrent les coachs des outils d'exploration de leur vécu qui leur permettent de mieux connaître leur potentiel et d'élargir leur « conscience managériale ». Ainsi, tout décideur qui est appelé à donner des directives à ses coéquipiers doit mobiliser ce qu'il y a en lui de capacité d'influence et d'ascendance psychologique : « Le coaching renforce l'autorité naturelle du leader[31]. »

On retrouve ici, transposée au champ de l'entreprise, la stratégie du coaching sportif : occupons-nous de l'intimité du sujet, de ses désirs personnels, et le groupe sera plus performant. L'entraîneur d'autrefois pensait qu'il fallait laisser au vestiaire problèmes conjugaux, soucis existentiels et autres spéculations oiseuses sur le sens de la vie. Il voulait plier l'individu au groupe, ne s'apercevant même pas que c'est en s'immisçant dans la subjectivité des individus qu'il allait optimiser les potentialités du collectif. C'est ce que le coach a compris : il s'agit dorénavant de « s'améliorer en tant qu'homme en mettant le sport au service de la vie et non le contraire[32] ».

Une entreprise doit raisonner sur le même mode si elle veut augmenter son chiffre d'affaires. Certes, comme le dit l'auteur du *Guide du coaching* déjà cité, « il est sans doute plus simple pour certaines entreprises de garder la tête dans le sable sans considérer les complexités liées à la quête du sens. À long terme, cependant, je pense que ce sont ces entreprises qui auront soutenu leurs employés au moment où ils en ont eu besoin qui se verront récompensées au centuple[33] ». En un mot, une entreprise n'est jamais perdante lorsqu'elle place l'individu et son épanouissement subjectif au-dessus de ses visées propres de rentabilité et d'efficacité. Car de même qu'en matière de sport une équipe a toujours tout à gagner à ce que les joueurs qui la composent fassent passer leur développement personnel avant les performances du groupe, l'entreprise accomplira plus sûrement ses objectifs en faisant passer son impératif de croissance économique après la « croissance ontologique » de ses responsables. L'un est la condition de l'autre. Comme le dit Vincent Lenhardt, « le résultat de ce développement managérial est fortement conditionné par le développement intérieur de la personne[34] ». Pour le dire autrement : oublions pour un temps les objectifs d'efficacité et de rentabilité de l'entreprise et centrons-nous uniquement sur le moi de l'équipier. Et comme le patron n'a pas le temps de passer tout le monde en revue, il fera appel au coach pour lifter les identifications nécessaires au bon fonctionnement de l'équipe.

On voit ainsi que la doctrine du coaching, selon laquelle l'objectif individuel de réalisation de soi rejoint l'intérêt collectif, radicalise le credo de l'économie libérale, sans cesse réaffirmé depuis le XVIIIe siècle, qui veut que ce qui est bon pour l'individu soit bon aussi pour le collectif. Le coaching, à l'image de l'économie de marché, place en son centre l'*individu-souverain*. Preuve que c'est bon pour l'un *et* pour l'autre, c'est que ça marche.

Le « développement personnel » qui apporte à l'individu son « bien-être » en favorisant son progrès cognitivo-émotionnel permet d'augmenter son adaptation sociale et sa rentabilité pour l'entreprise. Parole de coach, parole d'évangile : soyons certains que ce qui n'apporte rien en matière de *gain de productivité* et d'*ajustement social* pour l'entreprise est « mauvais » pour le développement personnel. Pour les cas extrêmes d'obstination bornée, on sait qu'il existe des moyens psychiques (le harcèlement moral par exemple) pour faire comprendre à un individu que sa volonté la plus profonde ne fait qu'un avec celle de son chef.

Certains auteurs libéraux du XIXe siècle avaient pressenti ce que cette dissolution de la frontière entre aspirations personnelles et intérêt collectif pouvait avoir de destructeur dans une cité qu'ils souhaitaient voir organisée en fonction de la césure espace public/espace privé. Ce constat plein d'acuité de Benjamin Constant en témoigne : « Les affections domestiques remplacent les grands intérêts publics[35]. » La philosophie du coaching ne s'embarrasse guère de scrupules au sujet de cette disparition des lignes de partage entre l'intérieur et l'extérieur, entre le moi et le nous. Tout peut être permuté sans dommage : réussir sa vie et réussir sa carrière, viser le bien public et le bien économique, la recherche de l'intérêt des personnes et celle des intérêts de la société qui les emploie, la conscience de soi et la conscience managériale. Les limites entre l'intime et le professionnel sont sans cesse brouillées par les coachs lorsqu'ils définissent le coaching comme « pratique d'accompagnement des personnes ou des équipes pour le développement de leur potentiel et de leur savoir-faire dans le cadre d'objectifs professionnels[36] ». Qu'ils le disent ou qu'ils le taisent, qu'ils le sachent ou qu'ils l'ignorent, les coachs s'inscrivent bien ici dans cette *logique des économistes*[37] qui font de l'homme un « capital humain » que chacun a le devoir de faire fructifier. À partir de là, chaque acte individuel de l'existence peut être considéré comme un *acte économique* visant à rentabiliser un capital bio-psycho-social en essayant d'en tirer le meilleur profit. Chaque individu est une micro-entreprise, un « entrepreneur de lui-même », une « institution économique » dont le fonctionnement se trouve déterminé par une logique d'intérêts et de calculs de profits. Le coaching est la nouvelle variante de cette idéologie qui voit dans l'*Homo œconomicus* la forme achevée de l'humanité : « Chacun dispose de ressources qui attendent d'être exploitées[38]. » Tout homme est par essence un stratège rationnel et calculateur et il n'a pas d'autre monde à habiter que le monde quotidiennement mondialisé par l'économie.

Notons déjà un point sur lequel nous aurons l'occasion de revenir : aucune région de l'existence humaine ne saurait échapper à cette philosophie panéconomiste : santé, éducation, mariage, lien social, spiritualité, etc. Du fait de la « psychologisation » des relations interindividuelles, l'espace privé se trouve de plus en plus envahi par des logiques sanitaires de contrôle social. Des professionnels interviennent de plus en plus précocement dans l'espace privé de ce qui était naguère réservé au *gouvernement* du « père de famille[39] ». Ce gouvernement des conduites familiales se modèle sur le management d'entreprise pour obtenir de chacun de ses acteurs une « soumission librement consentie[40] ». On « négocie » dans les familles pour résoudre les problèmes internes d'autorité, de rivalités et de conflits. Manière comme une autre de s'initier au lien social et à sa férocité, la « gestion » des relations familiales s'apparente à la « gestion » des conflits sociaux. Ce qui nous donne un scénario de ce genre : réunion familiale après le dîner : « Nous allons négocier la tranquillité et le bien-être de chacun des membres de la famille par un partenariat souple et authentique dont un des parents (à tour de rôle afin d'initier ses rejetons à l'égalité des sexes) pourra devenir le coach. » Le coaching en famille est un kit de négociation à la portée de tous, transposable dans les plis les plus rétifs de l'existence intime. Notre éducation civique et familiale a pris ainsi le risque d'un « bizutage » d'entreprise, en se coulant dans le moule de l'éthique managériale. Le parent idéal est un coach pour sa famille...

Éduqué, initié, coaché : ces trois mots désignent un seul et même processus d'éveil à la conscience de soi. Parce que la totalité de son existence se trouve absorbée par cette démarche globalisante (les plus savants d'entre les coachs diront « holistique »), le coaché finit par s'identifier au personnage énergique et optimiste qu'il veut être. Il devient capable de se sentir à l'aise dans le social comme dans le privé. Il est donc gagnant sur tous les plans : plus rentable à l'entreprise, il s'attire les faveurs de ses supérieurs hiérarchiques ou la dévotion de ses collaborateurs. En meilleure santé psychique, il est moins « coincé », plus à l'aise avec son environnement relationnel dans le privé. Sous les dehors d'une modeste « aide au développement personnel », le soutien-coaching propose ainsi rien de moins qu'une nouvelle manière d'être, un nouveau type de rapport à soi étayé sur la confiance en ses capacités d'expression individuelle. Le coach a rempli sa mission à partir du moment où les responsables qu'il a formés trouvent l'occasion – à travers la mise en œuvre de leurs compétences sur leur lieu de travail – de vivre une vie plus exaltante, de s'épanouir, de se construire une nouvelle vision des autres. Métamorphosés par le coaching, ils peuvent être rebaptisés « responsables porteurs de sens[41] ». Autant d'objectifs que l'entreprise n'avait jamais eu pour mission d'assurer. Nous entrons de la sorte dans une forme de postlibéralisme où les clivages traditionnels privé/public, existentiel/professionnel, vie intime/appartenance sociale tendent à s'effriter dans une *indétermination générale*.

Une plus-value ontologique par un contrat de service

La Société française de coaching insiste, dans son code de déontologie, sur la nécessité de ne pas dissocier les objectifs de carrière professionnelle et d'accomplissement subjectif : « Le coaching est une technique de développement *professionnel et personnel.* Le coach laisse de ce fait la responsabilité de ses décisions au coaché[42]. » La référence implicite à la liberté du coaché que renferme le deuxième énoncé de ce code nous met sur la voie de la méthode d'approche à la faveur de laquelle le coach peut espérer atteindre ce double objectif : le partenariat fondé sur le consentement libre et éclairé du coaché. Le contrat de confiance qui le lie à son protégé suppose que le coach ne se montre jamais directif envers lui. Seule une relation d'égal à égal, d'« équipiers », permet de s'attacher sa pleine adhésion. Il doit s'agir d'un « partenariat » et non d'une nouvelle relation dissymétrique qui viendrait s'ajouter à celles qui préexistent au sein de l'entreprise. Le coach n'est ni moraliste ni délateur (l'article 1.2 de son code de déontologie l'astreint au secret professionnel). Il favorise une relation de pleine réciprocité, dans laquelle la liberté de parole de l'autre est sans cesse valorisée. Le propre du coach est de savoir créer des atomes « coachus »... Les théoriciens du coaching insistent sur la nécessité de l'interactivité dialogique : la posture du coach doit « installer un rapport circulaire où chacun se nourrit de la parole de l'autre pour progresser dans la problématique du coaché[43] ».

Un coach est passé maître dans la compréhension empathique, dans la reconnaissance de l'autre qui lui permet d'acquérir davantage de consistance, dans les encouragements essentiels à l'exploitation des ressources qui permettent au coaché de s'améliorer sans se sentir jugé. Dans ces « techniques du miroir » rendues populaires par Carl Rogers, le coach se montre objectif sans pour autant renoncer à sa subjectivité afin de développer les mêmes processus chez le coaché. Cet effet miroir tient à l'usage savant de la technique de la reformulation, qui renvoie sans cesse au coaché le reflet de sa propre pensée, sans pour autant prétendre la connaître à sa place. Par exemple, pour renforcer positivement les démarches que vous avez entreprises, pour retrouver du travail, il ne vous dira pas : « Bravo ! C'est bien ! Continuez ! », mais plutôt : « Je trouve votre démarche intéressante et vous montrez clairement que vous désirez retrouver un emploi. » La technique de la reformulation offre un miroir à l'autre qui lui permet de penser différemment ce qu'il ressent. Par exemple, si vous lui dites que vous avez envie de cogner sur votre voisin, il répercutera votre propos de la façon suivante : « Il me semble qu'à travers ce que vous me dites, vous éprouvez une grande colère contre quelqu'un qui vous est proche mais qui semble ne pas vous comprendre. »

Le coaching doit permettre la reconstruction du sens des expériences de l'existence à partir d'une situation intersubjective, au cours de laquelle le coach aide son protégé à découvrir par lui-même les valeurs morales et personnelles pour lesquelles il est prêt à signer. Relation d'aide démocratique, fraternelle, libérale, égalitaire, le coaching vous permet même de ne pas être d'accord avec la grille interprétative de votre coach : « Vous avez le droit de ne pas être tout à fait d'accord avec un feed-back. À condition, évidemment, que votre point de vue soit lui aussi argumenté et informatif[44]. » Là encore, le coaching se place sous les valeurs emblématiques de l'« orientation non directive » chère à Rogers en aidant l'autre à se construire en tant que « moi ». Si un individu est en souffrance, il ne convient pas d'aller chercher trop vite les sources de son mal dans son environnement social ou économique. Il se pourrait tout bonnement que sa construction identitaire ait été entravée en cours de route... Le chemin de la thérapie et de l'aide psychologique consistera alors à briser les systèmes de représentation dans lesquels il s'est aliéné. Le processus de restauration ontologique, dans l'accompagnement psychologique, se veut la réplique des processus pathologiques de désintégration de la personnalité. C'est seulement en réapprenant à se valoriser consciemment (et « inconditionnellement », comme dit Rogers) que l'individu peut accepter son expérience totale et assumer ses valeurs propres, telles qu'elles sont. Ce faisant, il ne souffrira plus de l'écart entre la hauteur de son moi et la petitesse de ses expériences de vie.

L'action du coach ne peut être efficace que s'il se présente comme un autrui neutre et bienveillant : « Le coaching est un comportement management qui est à l'opposé de l'autoritarisme primaire[45]. » D'où l'importance, sans cesse réaffirmée dans les manuels de management, des relations de réciprocité et d'égalité entre les partenaires. De la sorte, l'individu peut plus facilement se confier. Il ne se sent pas seulement valorisé dans ses forces mais « compris » dans ses défaillances cognitives et ses faiblesses émotionnelles. Le coach ne remplit pas l'espace mental du coaché à grand renfort de consignes rigoristes et de recommandations que celui-ci devrait appliquer sous peine de sanction. Il doit faire en sorte que son « équipier » trouve par lui-même et en lui-même les solutions à ses difficultés professionnelles. Ainsi, il respecte son autonomie et son rythme de progression (« Le coach adapte son intervention dans le respect des étapes de développement du coaché[46] ») en intervenant sur le mode souple de l'éveil. Par cette relation d'aide, il ouvre son esprit à la plénitude de son potentiel, il lui fait découvrir sa capacité à inventer des solutions, comme il en allait déjà dans la maïeutique chère à Socrate. Le coach a ressuscité la figure de Socrate. Un Socrate reconverti aux vertus néolibérales, aidant chacun à devenir son propre patron.

Le coach est donc plus un autre moi qu'un autre que moi, plus un prochain qu'un lointain, moins intimidant qu'un psychanalyste, un prêtre ou un médecin traditionnel. Sa souplesse et son ouverture d'esprit – requises par le code de déontologie de la Société française de coaching – seront attestées par son recours à une rhétorique qui emprunte largement au vocabulaire de la psychologisation du vécu (l'« équilibre intérieur », le « bien-être », l'« harmonie », etc.). Le vocabulaire intimiste de l'épanouissement de soi donne à son discours une tonalité hédoniste plus motivante que le langage par trop direct de l'entrepreneur autoritaire étroitement focalisé sur la rentabilité de sa société. Nous entrons ainsi dans l'ère du tutorat dans le tutoiement.

Simple éveilleur d'énergies mentales, le coach apparaît comme un homme de proximité, enthousiaste et sympathique, un praticien du soin comportemental qui cultive une image « positive » de l'homme. Par un jeu de questions/réponses, il aide l'individu à reprendre foi en son destin (qui est d'être un gagnant), au-delà des vicissitudes et des aléas de la vie : « Si on a tendance à voir ses difficultés et ses dysfonctionnements, au cœur de soi-même réside un champion[47]. » Le modèle du champion est particulièrement précieux dans les circonstances critiques où un responsable tend à perdre confiance en lui. Nous savons en effet que la carrière des grands champions est émaillée de contre-performances, de passages à vide et de défaillances. Mais nous savons aussi que ce qui les caractérise est précisément de ne jamais s'avouer vaincus, de trouver la force mentale pour revenir à la première place : « Travailler dur, entrer dans l'arène avec la pression, faire face au stress, ressentir l'attente des autres mais aussi la sienne, trouver le moyen d'être le meilleur, trouver le chemin de la victoire : toutes ces choses sont familières au champion[48]. »

Une fois qu'il est devenu pleinement autonome, totalement libéré de ce qui l'empêchait d'accéder à la plénitude de son être, le coaché peut à son tour mettre ses coéquipiers sur le chemin de cette liberté intérieure. Devenu un « homme ressource, facilitateur d'un processus de croissance et responsabilisant le collaborateur (*empowerment*)[49] », l'homme devenu autonome par le coaching rend ses semblables à leur tour autonomes dans un cercle vertueux indéfini qui, de coach en coach, prépare une société idéale composée uniquement de gens libres et responsables[50]. Une société de coachs en somme.

Un champ d'application infini

Aucun domaine de l'existence ne semble a priori devoir échapper à la déferlante du coaching. Sa pratique se généralise à toutes les formes de l'existence humaine qui peuvent se trouver gérées par de multiples coachings chaque fois centrés sur la personne, pour optimaliser ses ressources bio-psycho-sociales. En théorie, il n'y a pas d'espace de la vie professionnelle ou personnelle qui puisse échapper à la formule souple et flexible du coaching. Il serait paradoxal qu'un expert en adaptation aux situations nouvelles ne soit pas lui-même capable d'adapter ses méthodes à des domaines de compétence inédits. Il existe un champ de développement gigantesque, dans l'entreprise bien sûr, mais aussi en dehors (look, déco, culture générale pourquoi pas ?...). Lenhardt en appelle à notre sens des responsabilités : « Un professeur gagnerait à être coaché, tout comme un maire ou un directeur d'hôpital. Quel responsable ou quelle équipe peut prétendre ne pas avoir de progrès à faire ? Il faudrait un coach pour cinquante habitants[51] ! » Français, encore un effort...

La sphère privée ne saurait être exclue du coaching puisque, comme nous l'avons vu, le propre d'une telle méthode d'accompagnement personnalisé est de brouiller les repères entre le privé et le public, entre l'intime et le professionnel, en inscrivant la quête du « développement personnel » au cœur même de la sphère du travail. C'est pourquoi on ne doit pas s'étonner de ce qu'il existe des coachs pour des parents débordés ou des célibataires en souffrance. Les enfants aussi ont besoin d'être coachés pour augmenter leurs performances scolaires : « Il arrive que le soutien scolaire ait une utilité très limitée dès lors que l'élève rencontre des problèmes structurels. L'avantage du coaching est de répondre, en amont, aux difficultés d'apprentissage ou de gestion du temps de travail », indique le président de Headways, un organisme qui propose du coaching scolaire à domicile [52]. En s'adressant ainsi aux enfants, c'est à toute la famille que le coach rend service : « L'environnement est mouvant : les adultes craignent que leurs enfants n'y soient pas assez préparés. Ils souhaitent qu'on les seconde pour les amener au mieux à affronter l'avenir [53]. »

L'adolescent n'est pas en reste ; déjà des coachs se disent prêts à l'aider à structurer son mental, à gérer son stress et ses émotions, quel que soit son objectif : « Nous ne nous penchons pas sur les causes des problèmes mais nous amenons l'adolescent à se concentrer sur la manière de réaliser les buts qu'il s'est fixés, que ce soit le passage dans une classe supérieure, l'obtention de la moyenne dans une matière particulière ou l'entrée dans une grande école. En cela, nous nous rapprochons des thérapies comportementales [54]. » On note dans ce passage qu'il ne s'agit que d'un « rapprochement » avec la thérapie. Cette précaution d'usage est conforme aux recommandations du code de déontologie de la Société française de coaching, qui demande à ne pas confondre l'éveil au développement personnel avec une psychothérapie [55]. La forme « déontologique » que reçoit cette recommandation dit implicitement la difficulté de dissocier les champs d'intervention respectifs, le sanitaire et le psychosocial, dès que l'on a privilégié une relation « holistique » avec la personne. Dans les faits, le coaching utilise des techniques psychothérapiques de manière flexible et positive...

Un nouvel opium du peuple ?

Certes, il n'est pas question de faire du coaché un « malade » psychologique. C'est simplement un sportif du bien-être qui s'ignore. On ne soigne pas : on met en forme. Cependant, même devant sa propre image reflétée par le miroir, le pigeon gonfle son jabot. De ce pouvoir d'initier en l'autre des parades agressives et érotiques, « relookées » par l'éthique pseudo-humaniste et néolibérale, le coaching a fait son fonds de commerce.

2

Le management des âmes poussé jusqu'à l'absurde : le « coaching-santé »

« Nous sommes condamnés à être libres. »
Sartre, *L'existentialisme est un humanisme.*

« La chute des "au-delà", l'effacement des grands messages livrent à vrai dire le corps à une rigueur accrue des normes, imposant un déplacement de l'exigence, une raideur particulière sur cet ultime effort de valorisation. Ce qui fait du bien-être une "servitude nouvelle". »
G. Vigarello, *Histoire des pratiques de santé.*

L'hôpital converti en entreprise de soins

En théorie, il n'y a pas de secteur de la vie professionnelle ou personnelle qui puisse échapper au coaching conçu comme une « réponse potentielle à un champ quasi infini de problématiques ». Face à la crise du lien social, « la diffusion du coaching de la personne apparaît ainsi comme une tentative de recréer du lien social [1] ».

Aux États-Unis, cela se nomme *life coaching*. Le fait que les *malades eux-mêmes doivent désormais être coachés* nous apporte la preuve, si besoin était, de la possibilité d'extension illimitée du coaching. Les soignants ne sont pas seulement encadrés par des « équipiers » qui les forment aux techniques du management. Ils doivent eux aussi contracter la disposition d'esprit d'un coach – ce qu'on pourrait appeler la « coaching attitude » – en présence de leurs patients. Il est vrai que les difficultés morales et psychologiques que soulèvent les conditions des pratiques cliniques, jointes aux contraintes des politiques de rationnement des soins, rendent les professionnels de santé vulnérables aux « managers de l'âme[2] ». Pour autant, rien ne nous paraît aussi redoutable que la transposition du coaching dans le domaine de la santé, à laquelle nous assistons aujourd'hui.

Les articles parus au cours de ces dernières années dans *Le Quotidien du médecin* témoignent de la place croissante accordée au coaching dans les programmes sanitaires et les parcours de santé. « Le coaching téléphonique a du bon », peut-on lire dans un numéro d'avril 2005. Et, à en croire les articles parus depuis dans ce journal, aucune pathologie ne semble devoir y échapper : sida, cancer, diabète, obésité, maladies cardio-vasculaires. Le 2 juin 2005, une contribution de Lydia Archimède, intitulée « La bonne santé du coaching », enfonce le clou en nous annonçant que « le coaching est un "facilitateur de changement" dont on commence à vérifier l'intérêt » dans le champ sanitaire. Et l'auteur de se féliciter de ce que, « pour mieux mettre l'accent sur la participation active du patient, le concept de coaching a franchi les portes des vestiaires sportifs et des entreprises pour investir le domaine de la santé ».

Tandis que le coaching se développe à tous les étages de l'hôpital, vers les malades jusqu'aux membres des instances de direction, nous voyons essaimer au sein des formations sanitaires un langage empreint de la nouvelle barbarie terminologique à visage humain du management. Selon Bernard Stenier, dans les hôpitaux, le coaching aide le soignant à se réaliser, « à trouver dans son travail des moyens pour combler ses désirs de comprendre, de grandir et de donner un sens à sa vie[3] ». Semblables à des enfants qui ont peur du noir, nos soignants ont besoin que des tuteurs bienveillants viennent éclairer leur trajectoire existentielle. C'est pourquoi les coachs vont les aider à devenir de grandes personnes, à se servir tout seuls de l'interrupteur, à inonder leur vie d'une lumière de sens qui suffira à elle seule à éclairer la chambre des malades. Avouons-le : avant que le coaching existe, les soignants tâtonnaient dans l'obscurité. Ils cherchaient naïvement le sens de leur vie dans des activités extraprofessionnelles, l'éducation de leurs enfants, la vie de famille, les activités culturelles, etc., alors que le sens était là, à l'hôpital, dans la pratique du coaching.

« Adoptez l'attitude coach ! » titre Bernard Stenier, dans un deuxième article consécutif que lui accorde complaisamment la revue *Soins Cadres* : « L'autorité hiérarchique, le savoir et l'expertise ne sont plus aujourd'hui des sources de pouvoir suffisantes pour un responsable d'équipe. Il doit enrichir sa fonction de leader, celui qui fait faire, par une fonction de coach, celui qui fait être [...]. Dans un environnement fait de turbulences, d'accélération et de pression, il est capable de connecter chacun à sa motivation profonde[4]. » Où l'on voit qu'à la vocation de « prendre soin » de la médecine traditionnelle se sont substitués l'éducation sanitaire, le coaching de l'infirmière ou du psychologue auxquels on a délégué la tâche de relooker le vieil humanisme médical. À quand le coaching des mourants pour les délivrer de cette extrême solitude dont Norbert Elias[5] a décrit l'inhumanité dans notre culture ? À quand un coaching qui puisse délivrer un être en train de mourir d'« éprouver le sentiment – bien qu'il soit encore en vie – qu'il ne signifie plus rien pour ceux qui l'entourent [...][6] » ?

L'ombre portée de l'entreprise est donc tombée sur le champ de la thérapeutique. Cet alignement pur et simple de l'hôpital sur le modèle de l'entreprise aboutit, qu'on le veuille ou non, à faire de la santé un produit comme un autre et à indifférencier l'activité hospitalière dans l'univers des sociétés de services en général. En assurant le passage de la gestion administrative à la gestion de soi, de la rentabilité économique à la rentabilité psychique, le coaching-santé parachève un mouvement de désacralisation de l'hôpital dont nous n'avons pas encore réussi à prendre toute la mesure.

Nous ne parlons pas ici de cette médecine qui transforme le patient en consommateur de soins ni de cette logique économique qui recycle le vivant en marchandise[7], mais de la recomposition au sein de l'hôpital des relations thérapeutiques et de l'éducation sanitaire sur le modèle des techniques d'influence et de persuasion de l'entreprise. De plus en plus, les conceptions de l'alliance thérapeutique et les programmes de formation soignante qui s'en inspirent se trouvent traduits dans le jargon du coaching. On parle désormais de *counseling* et on débat à l'envi pour savoir s'il faut dire « compliance » ou « observance »[8] lorsqu'il est question du suivi du traitement par les patients. Il est ringard de caractériser la relation médecin-malade de « rencontre entre une conscience et une confiance[9] ». L'art clinique a cédé le pas à l'expertise scientifique. Désormais, il faut dire « observance » et comprendre, par ce terme savant, « le degré de concordance entre les recommandations du médecin et le comportement du patient[10] ». Espérons que les protagonistes de la relation de soins parviendront à établir entre eux un haut « degré de concordance » (encore que là n'est pas vraiment l'essentiel vu que « l'observance est un enjeu pour les sciences médicales[11] »).

Ces phénomènes d'infantilisation des esprits et de régression culturelle gagnent aussi les élites de cette entreprise de soins que l'hôpital est de plus en plus appelé à devenir. Dans une enquête fort bien documentée sur le coaching, Xavier de la Vega[12] mentionne la création d'un service de coaching dans la division Lassay de l'hôpital de la Salpêtrière, pour aider la direction des ressources humaines et les personnels d'encadrement de l'hôpital à réussir les changements rendus nécessaires par la réorganisation des pôles médicotechniques, le regroupement des services et leur recomposition. Le coach aide la DRH et les cadres supérieurs à conduire les réunions avec les personnels de l'hôpital, à dissiper les craintes et les résistances que suscitent les changements. Pourquoi pas ? Mais cette puissance informante du modèle de l'entreprise au cœur du pouvoir de gestion de l'hôpital ne se révèle-t-elle pas inséparable d'un certain nombre de mesures qui font de la santé un produit de supermarché et de l'activité hospitalière un service comme un autre ? Les procédures d'évaluation, qu'elles soient celles de l'expertise scientifique ou celles du contrôle de gestion économique de l'entreprise hospitalière, ne sont-elles pas analogues à celles de presque toutes les entreprises de services ? Il est significatif à ce propos que Ghislaine Jacquard, directrice du développement des ressources humaines à l'AP-HP, ait pu déclarer : « L'intégration de la tarification à l'activité rend visible la performance de nos organisations[13]. » La tarification à l'activité va contraindre les hôpitaux et les cliniques à une véritable course à la productivité et à la rentabilité. Ce sont par conséquent les actes médicaux les plus rentables qui risquent d'être privilégiés, aux dépens des services de soins rendus aux patients et à leur famille. En lieu et place d'un service public, nous avons dorénavant affaire à une entreprise de soins sommée de prouver sa rentabilité en éclipsant la finalité thérapeutique d'actes appréciés à l'aune de leur valeur tarifaire.

Un exemple parmi d'autres révèle la fonction « civilisatrice » des systèmes actuels d'évaluation[14]. Dans un article récent d'Ariane Ballat, intitulé « "Transmissions ciblées" : quand la philosophie des soins fait le lit du libéralisme[15] », nous apprenons que depuis plusieurs mois les hôpitaux universitaires genevois ont mis en place un nouveau système de communication des informations en lien avec l'introduction du dossier de soins informatisé. Avec ce nouveau système dénommé « Transmissions ciblées », les soignants ne sont plus libres de leurs écrits et de leurs paroles et doivent se référer à un répertoire qui liste une série limitée de problèmes, ou cibles, auxquels il faut répondre suivant une grille préétablie. Le rôle infirmier passe par une maîtrise codifiée de la « prescription d'exercices physiques », de la « réprobation », de la « discipline », des « exercices spirituels comme la méditation, la prière ou la lecture de poésies ». Cette grille s'inspire des concepts de l'Association américaine du diagnostic infirmier (ANADI), qui reflète une conception néolibérale de la relation de soins. Dans la mesure où le patient devient un consommateur susceptible de se plaindre des soins prodigués, le système de soins se protège de ce risque par une procédure qui atteste de la *traçabilité* des actes infirmiers purifiés de toute subjectivité. Mais, comme le montre l'article, cette rationalisation des soins permet aussi une économie de temps et d'argent dont elle devient l'alibi. On pressent l'absurdité d'une logique de machine à soigner selon laquelle le système formel de fiabilité administrative et économique prévaut sur la validité du soin lui-même.

Qu'on le déplore ou qu'on s'en réjouisse, l'hôpital et les services de soins ne cessent de *se désacraliser* toujours davantage. « Sacré » signifie à la lettre « ce qui doit être mis à part ». C'est aussi ce pour quoi on est prêt à consentir à des sacrifices, ce qui inspire des conduites de dévouement et de désintéressement. Mais, quand une relation se contractualise, c'est alors qu'elle se désacralise. Dès lors que l'hôpital devient une société de services, une entreprise comme une autre, il perd les privilèges et les franchises que l'autorité pastorale de la tradition médicale lui conférait. Ce passage de la culture disciplinaire de l'hôpital à une culture sécuritaire néolibérale n'est pas sans incidence sur les relations thérapeutiques et leur évaluation. Institution devenue aussi banale que n'importe quelle société de services, l'hôpital doit faire face à la petite délinquance ou aux incivilités des usagers. Et elle y répond comme à n'importe quelle autre demande mal exprimée, sur le ton infantilisant de celui à qui on demande de faire la queue comme tout le monde. Au point que la « première campagne nationale contre les incivilités à l'hôpital » qui s'est imposée lors d'une conférence de presse à l'hôpital européen Georges-Pompidou, le 8 septembre 2005, a choisi pour slogan « Restez poli ! ». Les autorités compétentes en appellent ainsi à la civilité du social pour reconstruire une relation thérapeutique compromise par la philosophie consumériste qui s'est emparée des établissements de santé [16].

Par quoi il apparaît que le colloque thérapeutique *se recompose* sur la base du contrat de services qui réclame le prérequis de la civilité des patients pour fonder la confiance des soignants. Que des malades aux urgences insultent ou agressent les personnels soignants est absolument inexcusable. Il reste assez symptomatique d'une déshumanisation-désacralisation de la relation de soins que l'on ne parvienne plus à l'imputer à leur angoisse ou à un manque de moyens économiques de l'hôpital. Mettre sur le compte d'une mauvaise éducation, d'une incivilité à la charge de ces individus insuffisamment éduqués, dressés, coachés est significatif d'une perte du sens de l'irréductibilité de la relation soignant/soigné à une relation contractuelle ordinaire. La tonalité vaguement moralisatrice qui domine ces affiches est singulièrement malvenue. Pointer les manquements aux règles de la docilité de ceux qui languissent parfois pendant des heures aux urgences, n'est-ce pas sciemment prendre le risque d'exacerber les tensions ? Lorsqu'on monte d'un cran son degré d'exigence à l'égard des autres, ceux-ci ne manquent jamais l'occasion d'en faire autant. Il n'est donc pas sûr que les soignants sortent vainqueurs de cette recomposition de la relation thérapeutique sur le territoire de la politesse.

Après avoir été médicalisée, la déviance entre parmi les critères qui décident de la possibilité ou non de nouer une relation thérapeutique ; l'homme malade de la civilisation néolibérale est bien tel que nous le dépeint le coaching : un homme aux ressources inépuisables, libre et responsable, indépendant de tout contexte auquel il lui appartient de s'adapter en allant puiser dans son potentiel cognitivo-affectif[17]. L'hypocrisie est lourde, à une époque où chacun peut constater que la santé est devenue une marchandise, le médecin un prestataire de services sur un marché où le vivant humain est livré à la concurrence et à la compétition. C'est dans ce contexte de désacralisation générale de l'univers hospitalier que viennent se nicher le coaching et toutes les nouvelles formes de bio-pouvoir qui visent à apprendre au patient à s'autocontraindre et à s'autoréguler. La médecine apporte son concours à un projet qui, en son essence, ne diffère pas de celui du coaching : former des individus civilisés, entendons par là des individus déstressés et autogérés, autosuffisants et autonormés. Le présupposé est toujours le même : le contexte culturel ne détermine pas les conduites individuelles et chacun a en lui un potentiel cognitivo-émotionnel qui lui permet de s'y adapter. C'est le même processus d'individualisation des problèmes qui est à l'œuvre. Aussi ne sommes-nous pas étonnés d'apprendre que, dans le cadre du Plan de santé mentale, des « groupes d'entraide mutuelle » de patients psychiatriques soient constitués comme un « véritable outil d'insertion dans la cité, de lutte contre l'isolement et de prévention [18] ». Il s'agit de créer des espaces sociaux aptes à *civiliser* encore mieux les patients souffrant d'angoisse ou de dépression.

Que la création de tels espaces soit bénéfique aux patients ne doit pas nous dispenser de réfléchir sur ce que leur instauration nous dit des valeurs dans lesquelles nous baignons. Pour être bien portant mentalement, il faut apprendre à bien se comporter socialement. Cette façon de négocier la souffrance (qu'elle soit celle des patients ou celle des soignants) est symptomatique de la manière dont la relation d'aide se métamorphose en pratique de civilisation. La prise en charge de la souffrance psychique et sociale se déplace hors de l'espace du colloque singulier. Elle se désolidarise de la relation thérapeutique pour se fondre insensiblement dans des protocoles d'hygiène sociale. On soigne moins parce qu'on corrige davantage, moyennant l'adhésion librement consentie du déviant.

L'avènement du patient flexible et autogéré

Dans la mesure où le coaching participe à la promotion de l'individu volontaire et combatif, civilisé et autonome, responsable de sa santé et de son destin, on ne sera pas surpris outre mesure de le voir sollicité par le corps médical. Le coup d'envoi de cette alliance du coaching et de la santé a été donné à la fin de l'année 2004 par le cancérologue Claude Maylin, qui a recommandé publiquement la présence de coachs auprès des patients atteints de cancer. Ces coachs faciliteraient la gestion du stress et instaureraient une relation de confiance avec le médecin, indispensable à l'efficacité des traitements. Et le cancérologue de préciser : « En cancérologie, ce coaching de patients doit se décliner pendant tout le parcours du malade[19]. » Coaching, donc, à toutes les étapes du parcours de diagnostic et de traitement : pour l'imagerie médicale, pour les bilans sanguins, pour chaque segment du protocole thérapeutique, pour le suivi, coaching en chirurgie pour informer des avantages et des inconvénients des opérations, en chimiothérapie pour adoucir les effets secondaires, en radiothérapie pour dédramatiser la notion de rayons. Devrait-on créer un poste de super-coach touche-à-tout pour faire appel aux divers intervenants qui, chacun dans sa spécialité, donneraient aux patients les informations dont il a besoin ?

Qu'un patient en détresse ait besoin d'un soutien compassionnel, d'informations et de présence, c'est l'évidence même. Qu'il puisse trouver ce soutien auprès d'un médecin, d'une infirmière, d'un ami, d'un psychothérapeute ou dans le lien associatif nous paraît une affaire de moment, d'opportunité ou de circonstances. Alors, pourquoi pas un coach ? Oui, pourquoi pas ? Sauf que la négociation contractuelle de l'aide compassionnelle révèle ce que sont devenus, dans notre culture néolibérale, le sujet et le lien social. Cette mutation du soin en service sanitaire rendu par une entreprise soignante ne fait qu'accentuer le mouvement de dilution de la santé dans l'univers des biens et des services mercantiles.

Le coaching-santé s'inscrit dans une logique d'entraînement et de *psychobuilding* dont la forme et le fond procèdent du contrat de services qui s'établit sur le modèle de l'économie de marché. La relation d'aide croise ici l'habitus des pratiques de l'entreprise. Dans ce nouveau marché qui s'ouvre à eux, les managers thérapeutiques sont prêts à prendre toute la place qu'on voudra bien leur concéder. Gageons que, ici comme ailleurs, les coachs sauront se présenter comme de grands frères bienfaisants, mis à la libre disposition des patients, dans le cadre de programmes de gestion du stress et d'optimisation des stratégies de soins. Il s'agira de convaincre les patients de leur pouvoir d'influence dans la « transaction thérapeutique », de leur apprendre à s'autogérer comme des grands. Déjà, le patient se trouve invité à entrer « en apprentissage[20] » pour « négocier » avec ses médecins les prescriptions médicales. Cette conception d'un individu à la fois libre, éclairé et consentant irradie l'ensemble des pratiques médicales jusqu'à devoir transformer le patient en acteur de soins, en auxiliaire médical[21], en gestionnaire de sa santé et des thérapeutiques qu'elle requiert.

Remarquons qu'il ne s'agit pas vraiment d'une révolution des mœurs médicales. Nous parlons beaucoup, ces dernières années, de l'émergence d'une culture du partage de la décision et de l'implication du patient dans les actes médicaux qui le concernent. Cette décision partagée suppose que le médecin informe le patient et qu'il obtienne de sa part un consentement loyal et éclairé[22]. Évoquant ce changement de culture dans son avis n° 58 sur le « Consentement éclairé et l'information des personnes qui se prêtent à des actes de soins ou de recherche », le Comité consultatif national d'éthique en a pointé les effets ambigus : « L'accès à cette citoyenneté se trouve toutefois aussi contrarié par la surinformation médiatique elle-même qui n'est pas sans contribuer à transformer les patients en consommateurs de soins passifs et les médecins en prestataires de services[23]. » La médiatisation et la marchandisation de l'information qui transforme le patient en consommateur de soins nous installent dans un nouveau régime de discours. On est passé d'un régime de passivité confiante (où une confiance rencontrait une conscience) à un régime de transaction thérapeutique (négociation participative comparable aux relations qui peuvent exister au sein d'une entreprise). Avec tout ce que peut impliquer cette transposition sauvage : « Le danger prévisible serait une bureaucratisation de la relation patient-médecin où l'information dialoguée serait escamotée au profit d'une signature arrachée (dans la minute précédant l'acte diagnostique ou thérapeutique !)[24]. » L'apparition du coaching dans la relation médicale prolonge et consacre cette nouvelle culture partenariale du contrat.

Pour que les patients puissent s'engager dans une relation contractualisée de part en part, il est indispensable de leur faire prendre conscience qu'ils sont clairvoyants et autonomes. C'est la raison pour laquelle nos articles médicaux n'ont de cesse d'insister sur l'éducation thérapeutique des patients. L'une de ces contributions au débat[25] montre que les patients sont devenus d'actifs usagers puisqu'on dénombre en France pas moins de trois à quatre millions d'adhérents d'associations de patients. Très hétérogènes, ces institutions ont toutes en commun d'œuvrer en faveur de cette fameuse « observance thérapeutique » dont nous avons parlé, qui consiste à hisser la relation thérapeutique à son plus haut « degré de concordance ». L'observance thérapeutique, plus prosaïquement, c'est le fait de suivre scrupuleusement la prescription. C'est le corrélat attendu de l'accord (consenti librement) par un individu (souverain) qui participe (activement) à la mise en œuvre de son traitement. Ce libre gouvernement de lui-même ne va pas sans une bienveillante contrainte puisqu'on va lui montrer que, s'il n'est pas suivi et accompagné, il risque de mettre en danger sa santé. On invite l'individu à se gouverner librement dans l'autocontrainte et, en même temps, on lui montre qu'il est nécessaire, pour son bien, de s'insérer dans la logique sécuritaire d'un réseau de surveillances diverses. Pour filer la métaphore familiale, le patient fait moins songer à un enfant qui a besoin d'un père qu'à un adolescent qui a besoin d'un grand frère. Il doit faire encore un petit effort pour devenir une grande personne, et c'est bien cela qui justifie le recours au coaching.

Quelques illustrations de la « réussite » du « coaching-santé »

Pour bien prendre la mesure de cette pénétration grandissante du coaching dans le domaine de la santé, appuyons-nous sur quelques exemples, tirés d'articles parus récemment dans *Le Quotidien du médecin* qui témoignent de la place toujours plus grande accordée au coaching dans les programmes sanitaires et les parcours de santé. Entre 2003 et 2005, la référence au coaching et aux thérapies cognitives et comportementales s'est intensifiée au point de s'étendre à toutes sortes de pathologies, et ce à grande échelle. Les TCC (thérapies cognitivo-comportamentales) sont mobilisées pour traiter les acouphènes chroniques[26], l'anxiété et l'insomnie[27], améliorer la gestion de soi pour les obèses[28], diminuer l'anxiété des cancéreux[29] et soulager les inquiétudes incontrôlables[30] afin d'arriver à la bonne santé du coaching-santé proprement dit. Comme l'indique un article du 2 juin 2005 du *Quotidien du médecin*, « pour vivre heureux, vivez coachés ». Le coaching sert à tout et se révèle un aussi bon facilitateur de changement dans le domaine de la santé que dans le milieu des entreprises. Dans la prise en charge du sida, du cancer, du diabète, de l'obésité et des maladies cardio-vasculaires, il permet d'améliorer l'observance et de susciter de merveilleux comportements de prévention.

Dans la plupart de ces expériences, le suivi médical et le dépistage sanitaire sont remplacés par des suivis infirmiers ou diététiques pratiqués essentiellement par téléphone, dénommés « coaching ». Ces expériences bénéficient d'expertises fort savantes et de financements soutenus à grande échelle. Par exemple, la prise en charge et l'éducation du patient cardio-vasculaire bénéficient d'un coaching thérapeutique qui permet, par un suivi régulier du traitement, d'accompagner les patients, d'identifier des signes de la maladie et de déclencher éventuellement une visite clinique avant toute aggravation qui aurait rendu nécessaire le recours à l'hospitalisation[31]. Déjà, une recherche publiée en 1995 dans le *New England Journal of Medicine* avait évalué les effets positifs d'un accompagnement diététique infirmier sur la survie, la fréquence des réhospitalisations, la qualité de vie et le niveau des dépenses de santé chez des insuffisants cardiaques à haut risque. Il s'agissait, dans la plupart des cas, de procéder à un accompagnement intensif qui contrôlait les comportements alimentaires pour éviter les apports sodés et la malnutrition.

D'autres articles ont suivi, qui confirment l'intérêt de cette prise en charge appelée un peu abusivement, à notre avis, « alliance thérapeutique [32] ». Ce coaching téléphonique prouve également sa validité avec des patients diabétiques traités par insulinothérapie. Dans ce cas-là, d'ailleurs, rien n'est laissé au hasard clinique puisque l'infirmier-coach bénéficie lui aussi d' un « protocole mis en place avec des consignes pour les infirmières appelantes, une fiche de suivi, une fiche d'appel et des questionnaires de satisfaction [33] ». Bref, c'est le DSM à tous les étages, avec en prime le contrat de confiance Darty. On ne sera pas étonné d'apprendre que ce type d'accompagnement s'étend à la surveillance des obèses [34], des asthmatiques [35] et au traitement des patients infectés par le VIH [36].

Si on se réfère à l'article du Dr Alain Marié paru dans *Le Quotidien du médecin* du 7 janvier 2005, on constate que Bristol-Myers Squibb a lancé avec sa marque UPSA le « coaching-santé UPSA », une stratégie qui vise à optimiser la prise en charge thérapeutique avec trois volets complémentaires : une communication directe pour le grand public, un protocole dédié aux médecins et un programme destiné à l'officine. Transposé à la santé, le coaching devrait permettre à chaque acteur de jouer complètement son rôle. L'article précise que 50 % des patients avouent avoir modifié la prescription de leur médecin et que 41 % ne respectent pas la posologie ou la durée du traitement. Donc, comme le mentionne cet article, l'observance reste un problème crucial dont la résolution passe par une meilleure compréhension des conséquences des maladies non traitées et des enjeux thérapeutiques. Plutôt que d'interroger les raisons qui déterminent le fait que les patients ne suivent pas la prescription médicale, ne respectent pas le dosage, l'article apporte une solution : le coaching, bien entendu financé par Bristol-Myers Squibb. L'idée du coaching passe d'un côté par une information médiatique (que l'on n'oserait pas nommer publicitaire), de l'autre par une information auprès des pharmaciens dont le rôle de conseil se révèle bien précieux. Comme la qualité de relation médecin-malade conditionne le degré de « l'observance thérapeutique », le laboratoire propose une démarche de coaching auprès des médecins généralistes. Cette formation passablement infantilisante consiste à informer, suivre et mieux impliquer les médecins dans leurs relations avec leurs patients. La promotion de l'observance thérapeutique est confiée à l'activisme empressé de visiteurs médicaux à grande échelle, en direction de l'opinion d'une part, des médecins et des pharmaciens d'autre part.

Il faut dans tous les cas obtenir une libre soumission au traitement et à l'autosurveillance, que l'on va appeler dans un premier temps « compliance » au traitement, puis « observance ». En effet, le terme de « compliance » comporte encore un arrière-goût disciplinaire et pastoral censé avoir disparu du terme « observance », plus respectueux de l'autonomie du patient[37]. Que l'on puisse parler d'« alliance thérapeutique » nous paraît symptomatique de l'hypocrisie d'un tel système de contrôle social.

Continuons notre recherche sur l'éducation des patients, l'analyse des composants de l'alliance thérapeutique et la participation des médecins aux actions de prévention sanitaire. Prenons pour exemple un autre article, publié le 3 décembre 2004 par Micheline Fourcade dans *Le Quotidien du médecin*, sous le titre « Une approche novatrice : le coaching-santé à l'épreuve des faits ». On y apprend que l'accompagnement thérapeutique ou coaching-santé se présente comme une stratégie d'action ayant pour objectif d'aider le patient à mieux comprendre et à maîtriser sa maladie dans son environnement et qu'il commence à faire l'objet d'évaluation en cardiologie. Selon cet article, l'insuffisance cardiaque, l'asthme, le diabète et la dépression sont les maladies actuellement les plus concernées par le coaching-santé : « Cette démarche, connue des diabétologues depuis une trentaine d'années, consiste à aider le patient à mieux maîtriser sa maladie en prenant en compte les facteurs de vie environnementaux. Le coaching passe par une meilleure connaissance de la pathologie et une maîtrise technique du traitement si nécessaire (asthme, diabète, par exemple). Il s'adresse à des pathologies chroniques et souvent lourdes pour le patient et son entourage. »

L'auteur cite l'exemple des dix millions de Nord-Américains qui souffrent d'insuffisance cardiaque, faisant supporter aux États-Unis un coût de 20 à 56 milliards de dollars. D'emblée, l'article précise que la prise en charge de l'insuffisance cardiaque ne se résume pas à la prise du médicament. Il faut donc modifier le mode de vie et lutter contre les facteurs de risques cardio-vasculaires en suivant les patients à la trace, en influant le plus possible sur leur style de vie pour éviter l'émergence de ces maladies. Il y a une évaluation systématique du mode de vie des patients. Avec le programme coach, les patients ayant une maladie coronarienne « bénéficient du soutien d'un professionnel de santé qui les aide à atteindre les objectifs clés pour leurs facteurs de risques coronariens en partenariat avec leur médecin ». La santé se transforme en entraînement sportif pour un autre style de vie plus conforme aux codes de bonne conduite établis par la police sanitaire.

Mais le problème de l'insuffisance cardiaque intéresse aussi le vieux continent. Pourquoi n'oserions-nous pas à notre tour la formule du coaching-santé ? Abordant la diététique de l'insuffisance cardiaque, un article du 20 février 2004 rédigé par Gérard Bozet, à l'occasion des XVIes Journées européennes de la Société française de cardiologie, explique que la prise en charge hygiéno-diététique des patients en insuffisance cardiaque est un élément essentiel du pronostic. De ce fait, il faut un véritable accompagnement-coaching pour permettre au patient d'éviter les apports sodés et la malnutrition. L'article souligne l'intérêt de l'éducation du mode de vie des patients en insuffisance cardiaque et la nécessité de mettre en place un coaching du malade. La réforme de ce comportement déviant s'accomplit lors d'une première consultation servant de rituel d'initiation sociale, au cours de laquelle l'individu prend conscience de ses responsabilités et s'engage à être suivi. Plusieurs études d'intervention soulignent en particulier l'importance du facteur éducatif dans le domaine des règles hygiéno-diététiques. Des études randomisées sur les effets de cet accompagnement intensif (assorties de publications internationales) montrent qu'un suivi téléphonique régulier permet d'identifier les signes d'aggravation et de prévenir l'hospitalisation par la mise en place d'une visite clinique.

Où l'on voit le rôle du coaching dans le quadrillage des populations à risque et sa participation active à l'érosion néolibérale de la frontière public/privé. On pourrait en dire de même à propos d'un autre article publié dans *Le Quotidien du médecin* du 15 avril 2005. Sous la plume de Jean-Michel Borys, on nous confirme que « le coaching téléphonique a du bon » (c'est du moins le titre de l'article). Cette publication fait suite à une expérience ayant eu cours à Besançon, au cours de laquelle les patients ont appris à s'autonomiser dans l'insulinothérapie en adaptant eux-mêmes les doses d'insuline dont ils avaient besoin dans la prise en charge d'un diabète de type 2, grâce à un contact téléphonique régulier avec des infirmières. Menée en bonne et due forme, l'étude procède par randomisation des patients, questionnaires de satisfaction et toutes sortes de calculs mettant en évidence les avantages du coaching.

Que dire de l'article « Il faut accompagner le patient obèse » du 15 mars 2005 écrit par Ludmilla Couturier ? À l'évidence, dans la prise en charge du surpoids, il est nécessaire d'accompagner le patient pour qu'il adopte durablement de nouvelles habitudes alimentaires, en s'aidant au besoin d'outils psychologiques. Comme la progression de l'épidémie d'obésité est un signe inquiétant, il importe au plus haut point de surveiller le patient et d'éviter aux obèses de se décourager. Grâce à cette méthode de communication et de motivation qu'est le coaching en nutrition, on accompagne le changement du patient. On l'aide à planifier le temps de sa rédemption (il devra passer par « les périodes de deuil de certaines croyances et comportements » avant d'entamer la phase de « gestion du futur »). On prend aussi en considération ses peurs en situation de changement : être jugé, être en échec, ne pas être reconnu. On apprend comment désamorcer des schémas (triangle victime-persécuteur-sauveur) dans une relation compassionnelle. Nous voici entrés dans l'âge d'une psychothérapie ambulatoire riche de promesses tant dans sa rationalisation budgétaire que comportementale.

L'article « Counseling et coaching » du *Quotidien du*

Médecin du 2 juin 2005 déjà évoqué met en évidence l'intérêt de ce type de pratiques psychologiques pour obtenir l'« adhésion maximale des patients » aux antirétroviraux dans le cas des traitements pour les infections par le VIH. L'« observance » ayant rencontré un certain succès, l'auteur tire habilement profit de la tonalité dramatique qui s'attache au sida pour justifier l'extension de la stratégie intimidante de l'« adhésion *maximale* » à d'autres pathologies (« À l'instar du sida, *toutes* les maladies sont concernées »). Elle lui sert de point d'appui pour justifier le fait que des consultations de soutien, coaching ou counseling, ont pu être créées afin d'assurer la prise en charge de ces patients pour d'autres maladies chroniques comme l'arthrose. L'article a le mérite de la loyauté puisqu'il se réfère à des travaux centrés sur la « soumission librement consentie » pour montrer l'avantage en médecine des méthodes qui conduisent quelqu'un à se soumettre plutôt que de se confronter à l'obéissance stricte aux ordres. Il souligne le rôle des techniques de persuasion dans l'art d'amener les patients à se soumettre volontairement aux traitements moyennant quelques discrètes manœuvres comportementalistes utilisées dans les techniques de vente[38].

Dernier article du genre, celui de Micheline Fourcade du 8 mars 2005, qui érige le « coaching sportif » en « modèle pour l'asthme ». Saluant le caractère exemplaire du sport pour améliorer les performances thérapeutiques à propos des patients asthmatiques, l'article met en évidence une corrélation inédite entre contrôle de l'asthme et pratique du coaching. Il se termine par une référence à un champion du monde en apnée, l'Italien Umberto Pelizzari, capable de descendre en apnée à cent cinquante mètres, ralentissant son rythme cardiaque à sept battements par minute, en restant en immersion sept minutes et cinquante-huit secondes. Ce champion du monde en apnée profonde rappelle que l'adaptation aux grandes profondeurs demande des capacités physiques hors du commun, obtenues au prix d'un entraînement intensif et d'une mise en condition rigoureuse. Il précise que l'entraînement pour une tentative de record dure de longs mois et que c'est un travail d'équipe. Il souligne enfin que le parcours d'un sportif est jalonné de réussites, mais aussi d'échecs qu'il faut surmonter pour mieux avancer. On serait tenté de s'exclamer : « Asthmatiques, devenez champions du monde en apnée ! » Sauf que la plongée, même en apnée, est, de l'avis des spécialistes, particulièrement contre-indiquée aux asthmatiques... et que ce rapprochement rhétorique est criminel !

L'effacement des repères qui ont délimité les espaces de la vie sociale, en traçant des lignes de partage symboliques entre l'entreprise et l'hôpital, le privé et le public, l'intime et le collectif, annonce l'entrée de notre modernité dans un deuxième cycle de son histoire, dans la phase critique du néolibéralisme. Même l'école est gagnée par la fissure des lignes d'étanchéité qui s'accomplit sous nos yeux, et ce au nom des deux principes éthiques fondamentaux du respect de l'autonomie et de la bienfaisance compassionnelle. Un exemple très significatif à cet égard nous est fourni par quelques expériences pilotes qui méritent d'être relatées. Depuis 1992, dans une phase d'enquêtes alimentaires menées dans les familles, les enfants de deux cités du Pas-de-Calais ont bénéficié d'une information nutritionnelle à l'école visant à prévenir l'obésité et à favoriser des conduites hygiéno-diététiques. Dans la troisième phase de l'opération dite « Fleurbaix-Laventie ville santé[39] », il s'agissait moins d'informer pour prévenir et prendre en charge l'obésité pédiatrique que d'infléchir la manière même de se comporter pour bien se porter en établissant véritablement des programmes de vie. Par la suite, cette éducation sanitaire avoue son ambition en passant à une plus grande échelle avec le programme EPODE auquel dix villes doivent participer pendant cinq ans. Dans le cadre de cette troisième phase du programme de prévention, les familles se voient proposer un coaching-santé pour « parvenir à adopter progressivement des nouvelles habitudes de vie ». Les coachés bénéficient tous d'un bilan individuel de leur état de santé et de leur mode de vie permettant de « situer chaque individu par rapport aux recommandations ».

Bien évidemment, ces études partent du constat que l'obésité ne cesse de progresser chez les petits Français, qui étaient 3 % en 1965 et sont 16 % aujourd'hui (25 % des enfants américains souffrent d'obésité). Qu'il y ait une information nutritionnelle dispensée à l'école ne nous paraît pas soulever de problème particulier, pas plus que l'information des acteurs locaux, des professionnels de santé, des enseignants et des familles. Tout cela est plein de bon sens. Que ces interventions aient lieu particulièrement à l'école ne paraît qu'attester du souci de civilité de notre République. Que les médecins et les pharmaciens soient informés, que la restauration scolaire se mette à tenir compte des conseils des diététiciens, que tout cela soit accompagné de dégustation, de cours de cuisine ou d'ateliers du goût est plutôt sympathique. Le problème, c'est que nous entrons dans quelque chose qui est la *traçabilité des parcours de vie* propres à chaque enfant. On commence par surveiller leur activité physique avant de surveiller leurs loisirs, et on finit subrepticement par « repérer les enfants obèses ou en surpoids » et à contrôler leurs conduites : « Tous les enfants seront pesés et mesurés chaque année et leur IMC dûment calculé et inscrit sur une courbe de corpulence, laquelle sera systématiquement commentée et adressée aux parents. Les parents d'enfants à risque ou en surpoids seront incités à consulter leur médecin. Pour les jeunes obèses, les médecins formés proposeront une prise en charge avec différents outils issus notamment du programme national Nutrition santé. Si le financement le permet, un suivi téléphonique pourra être réalisé à partir de la structure de coaching de Fleurbaix-Laventie ville santé. » À partir de la surveillance bien intentionnée des comportements alimentaires s'établit un véritable contrôle des conduites et des styles de vie.

Insistons : nous n'avons strictement rien contre l'éducation sanitaire, l'information médicale, et nous ne dédaignerions pas l'aide que de plaisantes diététiciennes pourraient nous apporter pour affiner notre silhouette. Nous n'avons rien contre le fait qu'on s'occupe des gens et nous ne sommes pas étonnés qu'ainsi ils aillent mieux et se comportent de manière plus adaptée à la culture de leur temps. Nous nous interrogeons seulement sur les intentions et les ambiguïtés d'un tel programme. Le courant dit « des relations humaines » en entreprise, incarné par Elton Mayo dans les années 1930, avait déjà montré que l'attention portée aux ouvriers d'une usine de Chicago suffisait à augmenter leur taux de productivité. Les salariés de l'entreprise se comportaient de façon plus productive et efficace dès lors que leur demande de reconnaissance sociale et affective se trouvait au moins autant prise en compte que leurs besoins physiologiques et matériels. Remarquons simplement que ce courant évitait la mise en cause de l'entreprise et de son fonctionnement, disculpant par avance l'environnement économique, social et politique de ses responsabilités dans l'émergence de ces nouvelles pathologies. De la même façon, l'idéologie du coaching-santé disculpe l'environnement de ses virtualités pathogènes, tout en substituant au lien social fondé sur l'esprit de solidarité une relation d'aide personnalisée qui fait du sujet un segment de population toujours plus isolé. Invité d'un côté à consommer de l'alimentation ludico-express à bon marché, incité de l'autre à se prendre toujours davantage en charge, le sujet se trouve réduit à une monade solitaire et autocontrainte par le jeu malsain des injonctions paradoxales. Il ne lui reste pour tout territoire que cette solitude qu'il nomme autonomie.

À la lueur de ces illustrations, le coaching apparaît à la fois comme le chaînon manquant du lien social et, dans la relation thérapeutique, la garantie du minimum social de protection compassionnelle offert par nos dispositifs de normalisation au-dessous duquel nos démocraties néolibérales ne sauraient descendre sans compromettre leur idéal humaniste. Au-delà des bénéfices que le coaching-santé serait susceptible de produire pour un sujet ou une population, il importe de remarquer qu'il participe à une civilisation des mœurs doublée d'une médicalisation de l'existence toujours plus pressante et présente dans notre culture. Le coaching (au même titre que toute autre pratique psychologique analogue qui participe à la médicalisation de l'existence) se révèle comme une procédure extrêmement fine du contrôle social, du quadrillage des populations et de ce que Foucault appelait les processus de « variolisation » visant à immuniser la société contre ses propres effets pathogènes. Comme Foucault disait de la liberté qu'« elle n'est pas autre chose que le corrélatif de la mise en place des dispositifs de sécurité [40] », on pourrait dire du coaching qu'il n'est pas autre chose que le corrélatif de la mise en place d'une nouvelle pratique de normalisation sanitaire et sociale. Normalisation des comportements alimentaires, mais aussi des *styles de vie*. On a entraperçu comment l'intériorisation des normes produisait des autocontraintes en série qui déterminent l'individu soit comme segment de population sous contrôle, soit comme un exemplaire de l'espèce humaine néolibérale, autonome et éclairée.

Le prix que nous payons en termes de contrôle social est-il justifié au vu des résultats concernant la prévention de l'obésité et du surpoids ? C'est la question posée par le groupe de réflexion sur l'obésité et le surpoids appelé « Gros », dont *Le Quotidien du médecin* du 30 novembre 2005 tente de rendre compte. Le programme national Nutrition santé paraît être dans le collimateur des docteurs Jean-Philippe Zermati (nutritionniste), Gérard Apfeldorfer et Bernard Waysfeld (psychiatres), membres fondateurs du Gros né il y a huit ans. Confrontés dans leur pratique quotidienne aux angoisses et à la souffrance des patients, ces médecins se sont interrogés, compte tenu de l'augmentation des troubles du comportement alimentaire, sur les effets du plan national lancé au début de 2001. Malgré les régimes et les précautions diététiques, il y a de plus en plus d'obèses ou de personnes en surpoids. Loin des courbes et des statistiques, les médecins de terrain retrouvent des vérités de bon sens : le mangeur est souvent un anxieux qui compense le stress, l'ennui, l'inactivité, par la consommation de nourriture.

Pour prosaïques qu'ils soient, ces facteurs de risque n'en doivent pas moins être pris au sérieux et nous interroger ailleurs que sur la scène du sanitaire où ils se trouvent étroitement confinés. L'obésité nous renvoie à des questions qui dépassent la santé sur le sens de la vie en communauté, l'urbanisme, la promotion des arts et de la culture. Elle impose une réflexion plus générale sur les orientations sociales qui déborde le cadre restreint de la problématique sanitaire.

Où s'arrêtera cette intrusion simpliste et arbitraire des pouvoirs publics dans l'univers complexe de la subjectivité ? Le brouillage des repères entre l'espace intime et la sphère des intérêts collectifs caractéristique de notre culture néolibérale va-t-il se poursuivre ? Irons-nous au-delà des comportements alimentaires ou des suivis de prescriptions médicamenteuses[41] ? Va-t-on aller jusqu'à contrôler la manière de se comporter, de vivre et de penser ? Nous ne savons. En attendant, le bulletin officiel de l'Éducation nationale du 11 novembre 2003 incite au « fichage » des enfants psychologiquement à risque et une expertise[42] collective plus récente de l'INSERM sur le dépistage et la prévention des troubles mentaux chez l'adolescent et l'enfant propose des actions dès l'âge de trente-six mois. Pour les auteurs de ce rapport, les personnes qui ont une conduite perturbée avant dix ans présentent généralement un niveau élevé d'agressions physiques qui se maintient durant l'enfance. Les « experts » recommandent en conséquence un repérage et une intervention, par l'imagerie cérébrale, dès les premières années de la vie. L'enfant qui présente des « troubles de conduite » (et ce dès la crèche) ne serait-il qu'un petit animal cruel, un rongeur qu'il convient de suivre à la trace (par un carnet de comportements), traiter par des psychotropes (la Ritaline, un « compagnon pour la vie ») ou contenir par des méthodes psychorééducatives (TTC et dérivés). Verra-t-on alors se multiplier des coachs spécialisés pour les populations à risque en bas âge[43] ? Qui évaluera les effets de telles prophéties sociales et leur tendance à l'autoréalisation par l'effet Pygmalion ? Jusqu'où irons-nous dans ces dépistages de plus en plus précoces et de plus en plus féroces des comportements déviants ? Peut-être jusqu'à cet horizon surréaliste d'une prise en charge sécuritaire de ce que la psychiatrie actuelle désigne comme une « clinique des gens fragiles[44] ». En un mot comme en cent, pour prévenir les « troubles mentaux », on va les dépister le plus précocement possible et les traiter préventivement. Il fallait y penser. Quand on connaît les problèmes de validité et de fiabilité des diagnostics psychiatriques, on ne peut que légitimement s'inquiéter de telles dérives. Qui se plaindra de ce souci de prévention dans le champ de la santé mentale ? Certainement pas les actionnaires des industries de santé...

Sans méconnaître les déterminants biologiques et génétiques du comportement humain, ni la valeur des recherches des sciences cognitives et des neurosciences, nous ne pouvons admettre cette « nosopolitique »

(Foucault) qui « naturalise » les inégalités sociales, « biologise » le psychisme et offre aux enfants un « papa molécule » et une « maman TCC ».

Le temps de la maladie

Du début à la fin de la vie, il est à craindre que le coaching en vienne à étendre son emprise infantilisante sur les plus vulnérables dans les années qui viennent. Sans grande chance de se tromper, on peut prédire l'avènement prochain d'un coaching post-accouchement puisqu'on nous annonce une augmentation du nombre de symptômes dépressifs chez les jeunes mères, dans les trois premiers mois qui suivent la naissance de leur bébé[45].

Cache-misère de la solitude, le coaching ne devrait pas manquer de trouver des débouchés aussi du côté de la fin de vie. En 1982, dans *La Solitude des mourants*, Norbert Elias pointait déjà, à travers le retrait des vivants face aux mourants, aux cadavres et à la sépulture, les effets de désintégration sociale de notre culture de l'autonomie éclairée : « Tout cela est passé, dans une grande mesure, des mains de la famille, des parents et des amis dans celles de spécialistes rémunérés[46]. » Il mettait ce phénomène de déshumanisation de la mort en relation avec l'extrême degré d'individualisation de notre civilisation qui transforme chaque sujet en *Homo clausus*, en monade solitaire, qui meurt comme il a toujours vécu. Mode d'initiation sociale à la culture néolibérale, le coaching-santé s'inscrit dans le vide thérapeutique creusé par la forme organisationnelle et technicienne que revêt la prise en charge des malades.

Mais arrêtons-nous un peu auprès des corps en souffrance et interrogeons-nous : l'expression même de « coaching-santé » n'est-elle pas une aberration sémantique ? Si on garde à l'esprit que le coaching est issu du milieu sportif, que le sport continue à dessiner la toile de fond des différentes déclinaisons de cet accompagnement psychoaffectif, on mesure l'ampleur du paradoxe. Pour stimuler celui qui ne parvient plus à habiter son propre corps, on convoque le modèle de la puissance de celui qui, tout à l'inverse, ne se sent exister que dans l'intensité de ses forces corporelles. En quoi le prototype du coaching, l'image du sportif à la carrure resplendissante et à la silhouette épurée, peut-il nous orienter lorsque nous évoluons dans un espace destiné à accueillir les corps fragilisés par la maladie ?

Il est vrai que c'est pour participer à une « épreuve » que le coach accompagne les champions. Mais y a-t-il un sens à penser l'épreuve de la maladie sur le modèle de l'épreuve sportive ? Le soignant va-t-il devenir un soigneur ? Jettera-t-il l'éponge quand il sentira que le malade est proche du KO ? Être au chevet du malade, est-ce la même chose que de se trouver au bord d'un ring ? Va-t-on retirer les blouses blanches des armoires pour y suspendre des survêtements ?

En procédant de la sorte, on ne ferait jamais que pousser jusqu'à son terme cette logique de modélisation sportive de la relation d'aide ! D'ores et déjà, le patient doit affronter le combat de la maladie dans une « alliance thérapeutique » où il coagit à titre d'acteur de son propre soin, en tant qu'*auxiliaire médical doublé d'un gestionnaire libre et éclairé de la transaction thérapeutique*. Parallèlement à cette responsabilisation du patient, les impératifs économiques obligent à évaluer ses performances : est-ce un bon malade ? Est-il rentable ? Les actes que son état requiert vont-ils apporter de l'argent à l'hôpital ou à la clinique (ce que l'on appelle la « tarification à l'activité[47] ») ?

La logique sportive est par essence une logique de quantification des prouesses et c'est ce qui explique la facilité avec laquelle le coaching a pu s'expatrier du domaine du sport au milieu de l'entreprise. Le temps dans lequel vit un manager, en effet, ne diffère guère de celui dans lequel se déroule une compétition sportive. C'est un temps chronométré et géré en fonction d'un même objectif, qui est celui d'une performance quantifiée (nombre de contrats décrochés, taux de satisfaction des consommateurs d'un produit, progression des parts de marché, etc.). Terre natale du coaching, le sport n'est pas un jeu sans enjeu mais un spectacle de combat dont le déroulement est limité dans le temps et dont l'issue doit faire l'objet d'un enregistrement *quantitatif* de performances. Point de compétition sportive là où manque un instrument d'évaluation (un score ou un record annoncé par un panneau d'affichage ou un classement général).

Mais comment l'importation dans un espace de soins d'un tel modèle de gestion rationnelle du temps pourrait-elle s'accomplir sans dénaturer dangereusement le sens de la pratique clinique ? La transposition au sein de l'hôpital du modèle de la performance et du jargon qui l'accompagne ne peut se faire qu'au prix d'une falsification de la perception de la temporalité dans laquelle se déroule la maladie. Le patient qui se sait atteint d'une maladie mortelle ne peut pas penser le temps qui lui est donné à vivre comme un « challenge », un défi qui lui serait lancé. Le cancer n'est pas une mise à l'épreuve de soi. La souffrance, dans la mise à l'épreuve sportive de soi, est traversée par un sens ; elle est dirigée vers une issue qui est précisément la réalisation de la performance. Au contraire, le propre de la maladie grave est d'immobiliser tout projet de développement personnel et de conduire à un questionnement sur le sens de l'existence.

Le temps de la souffrance endurée par le malade n'est pas le temps quantifiable de la performance ; ce n'est pas le temps lisible et objectif que nous livrent les cadrans. Dans l'angoisse, chaque instant dure une éternité. Le temps de la souffrance est l'épreuve d'une démesure qui abolit les différences que nous avons l'habitude d'établir en regardant notre montre, entre une « durée brève » et une « durée longue. » L'angoisse n'entre pas dans la logique du quantitatif ; elle ignore les mesures chronométriques. Pour celui qui souffre, la durée la plus courte ne diffère pas de la durée la plus longue. Le temps ne passe pas, il se refuse à « produire » de la nouveauté. Il répète la même intensité douloureuse.

De même, le temps de repos du patient n'est pas le temps de la pause, le temps de la « mi-temps ». L'expérience du temps de la maladie ouvre à une forme de fatigue qui n'est pas la fatigue ressentie par le coureur au bout de quelques kilomètres d'une épreuve d'endurance. Fatigue liée à la lourdeur de l'existence, la fatigue de la maladie n'est pas une fatigue sportive. Ce n'est pas la fatigue que produit la mise en œuvre des organes et des fonctions du corps. Les soignants, il est vrai, répètent souvent aux malades de « bien se reposer ». Mais le repos forcé de la maladie ne libère de la fatigue des activités du quotidien que pour ouvrir à une autre fatigue liée au poids de l'existence. C'est le vécu même de la vie qui se ressent comme charge, comme accablement d'être et d'avoir à être. Cette « fatigue d'être » (Lévinas) qui n'est pas la fatigue liée à l'activité physique, c'est la fatigue d'avoir à renouer quotidiennement le pacte qui lie le sujet à lui-même. C'est la fatigue que le malade ressent d'avoir à se porter et à se supporter comme un fardeau, comme s'il était encombré de lui-même. Comment croire que le coaching puisse être la réponse à l'expérience existentielle de la maladie ?

Revenons alors à notre question : quel sens peut-on donner à l'expression étrange de « coaching-santé » ? Peut-être s'agit-il d'une anticipation et d'une surveillance des résistances au traitement conçues comme une forme mineure de délinquance sociale, le traitement sportivo-managérial d'une contre-conduite aux normes des pratiques de soin et d'hygiène. Cette surveillance du coaching s'effectue en masse, de manière souple, indolore et médiatisée, apte à produire un consensus sur les bonnes pratiques de vie individuelle et collective. De véritables rituels d'initiation sociale se mettent donc en place avec une fonction civilisatrice, non seulement pour les coachés, mais encore pour les soignants-coachs eux-mêmes.

Le coaching-santé semble ainsi s'inscrire dans un *psychobuilding* qui transforme la psychologie et la psychopathologie en résidences secondaires de la médecine, en apportant sa pierre à l'édification de la civilisation néolibérale des mœurs. En ce sens, le coaching-santé est symptomatique des limites de l'approche dépersonnalisante qui domine le milieu du soin. Il exprime, dans le jargon managérial, un besoin d'*éthique.* Son surgissement à notre époque en mal de sens est l'aveu que le patient ne saurait se réduire à un échantillon de l'espèce ou à un segment de population. Baume anesthésiant d'un monde sans pitié, le coaching est, pour le dire comme ses propagandistes, un « appel à la compassion et à l'amour pour cet autre empêtré dans la problématique d'être humain[48] ».

Ce qui s'exprime à travers l'appel des personnels de santé aux nouveaux « managers de l'âme » est le besoin de contrebalancer les effets dévastateurs de l'expropriation des corps souffrants par les protocoles médicaux et technoscientifiques. Il s'agit dans tous les cas – et jusqu'au grotesque lorsque cette pratique concerne la santé mentale – de développer des « stratégies adaptatives » face à la maladie, de formaliser ce qu'elle convoque d'innommable et d'irreprésentable. Ira-t-on jusqu'à coacher un schizophrène pour qu'il prenne des antipsychotiques ? C'est déjà fait. La psychothérapie ne sera bientôt plus alors qu'une technique de persuasion, une rhétorique d'influence, une pratique de « vente » ou de « promotion » dont le coaching sera le modèle informant.

3

De la nécessité d'une cure de désintoxication idéologique

« C'est la société qui fait essentiellement la substance de l'individu. »

T. Adorno, *Minima Moralia. Réflexions sur une vie mutilée.*

Nous avons accumulé suffisamment d'éléments à charge dans notre dossier sur le coaching pour éviter de tomber dans le piège de la critique nuancée. Les coachs sont les premiers à avancer que le coaching comporte des dérives, qu'il faut savoir distinguer entre les bons et les mauvais coachs. Il n'est pas de pire moyen pour combattre le coaching que de dire qu'il faut faire acte de vigilance contre ses mésusages, comme s'il existait une essence pure du coaching seulement souillée de l'extérieur par quelques imposteurs. Nous préconisons, quant à nous, le rejet en bloc de cette soupe sportive remixée à la sauce managériale. Il faut attaquer le mal à la racine en identifiant les foyers pestilentiels de son extension, les croyances collectives dont tirent profit nos nouveaux directeurs de conscience...

L'individu est la source de ses problèmes

La demande d'écoute et le besoin de reconnaissance auxquels s'emploie à répondre le coaching d'entreprise peuvent-ils constituer une légitimation des conduites d'adaptation individuelle auxquelles se ramène la pommade psycho-éducative passée par le coach dans le dos des employés ? Comment son écoute peut-elle être neutre à partir du moment où *sa rétribution le doit entièrement au chef d'entreprise qui fait appel à ses services ?* On pressent déjà l'étroitesse de sa marge de manœuvre.

Dans la mesure où, pour ne plus souffrir, il lui faut trouver le moyen de s'adapter à son milieu anxiogène, l'homme coaché apprend surtout à être *scotché*, à ne pas se poser de questions sur les causes de l'angoisse qu'il ressent dans son environnement professionnel. Il existe dans la prose des coachs une façon plus ou moins subtile de rabattre le sujet sur lui-même, d'en faire l'alpha et l'oméga de sa souffrance psychique. Les choses sont parfois dites dans un langage fanfaron ou sur un ton prétentieux pour mieux faire avaler la dragée : « Le potentiel et la limite de l'organisation sont déterminés par le potentiel et la limite du dirigeant qui en a la charge [1]. » Attirer l'attention de l'individu sur ses ressources « psycho-cognitivo-affectives » pour l'aider à triompher de ses maux revient implicitement à lui faire porter la responsabilité du dysfonctionnement de l'entreprise dont il pâtit (« Chacun tend à devenir porteur du tout »). Parfaitement libre puisque parfaitement éclairé sur lui-même, l'homme est un « sujet en croissance, en devenir, responsable de ses choix et détenteur d'une expertise sur lui-même[2] ».

Sous cet aspect, le coaching est une manière cynique de faire l'impasse sur des facteurs de désordre psychique tels que le rythme ou l'organisation du travail, un salaire inadéquat à la besogne accomplie, l'absurdité ou la répétition de tâches dont la portée éthique est problématique. Déjà, on nous a annoncé que le diagnostic de dépression s'est multiplié par sept entre 1979 et 1996[3]. Le traitement *soft* du coaching apporte sa contribution à la lutte contre ce fléau collectif en aidant les individus qui ont la tête sous l'eau à remonter à la surface afin de réintégrer au plus vite le monde de la production et de la consommation. Il se révèle ainsi comme un puissant moyen de contrôle social au service de la soumission généralisée des masses, assurant le minimum de protection compassionnelle en dessous duquel le système marchand ne pourrait plus fonctionner.

Le coaching constitue une nouvelle étape dans la psychologisation des problèmes de l'existence. À certains égards, cette psychologisation constitue l'un des avatars d'un phénomène plus global de normalisation, sinon de *médicalisation* de l'existence, auquel nous assistons depuis le XVIIIe siècle. Le coaching prolonge, sur le terrain du soin de l'âme, le souci hygiénique qui est apparu à cette époque. Le renforcement continu de la préoccupation sanitaire a été de pair avec un meilleur encadrement des populations, la mise en œuvre d'un contrôle social rendu d'autant plus nécessaire par les effets délétères induits par le processus d'urbanisation.

Le coaching se développe dans les interstices de ce phénomène d'extension du contrôle sanitaire des individus qui couvre un spectre de comportements allant des écarts de conduite tolérables jusqu'aux excès de la consommation déréglée. Le coach n'a certes pas son titre de médecin de santé publique. Mais cela ne l'empêche pas de posséder sa manière sécuritaire à lui de faire comprendre à l'individu comment il doit se comporter pour faire partie des bien-portants.

Par une pharmacovigilance des comportements, un quadrillage sécuritaire des conduites et des protocoles de rééducation psychosociale, voire des traitements chimiques substitutifs, l'espace sanitaire incite le sujet à intérioriser les normes sociales acceptables. Il lui apprend à se contrôler et à se gouverner au mieux de ses intérêts et de ceux des autres. Il l'éduque à une rationalité optimale dans le choix de ses *stratégies* de comportement et sécurise en douceur ses écarts de conduite. Le coaching a trouvé sa place dans ce dispositif médico-psychologique.

Du coaching comme addiction

Pour comprendre les enjeux sociaux du coaching à la lueur de cette logique de « biopolitique des populations[4] », il faut repérer les vecteurs culturels qui portent vers cette sorte d'addiction sociale, comprendre comment une telle technique de sécurisation sociale et psychique émerge en pleine crise des valeurs.

D'abord, il convient de rappeler que la médecine comme la psychologie ou la psychiatrie ne sont pas seulement des corpus de connaissance scientifique ou des pratiques professionnelles, mais qu'elles constituent aussi des pratiques sociales, des instruments de *contrôle social.* Dans un texte resté fameux intitulé *Qu'est-ce que la psychologie ?*[5], Canguilhem demandait aux psychologues : « Qu'est-ce qui vous pousse à vous faire les instruments d'un pouvoir qui traite l'homme en instrument ? » Le prétexte de la scientificité revendiquée alors par la psychologie ne permet pas d'éluder la question, à moins de croire en une Immaculée Conception de la science. Dans le domaine de la santé mentale sans doute encore plus qu'ailleurs, la science doit être interrogée à la lumière des pratiques que l'on cherche à dériver de ses travaux. Lorsqu'on avance l'argument de « la science », c'est alors qu'il faut se rendre attentif et se demander : quel est le but recherché ?

Ce n'est pas un hasard (comme l'avait remarqué le philosophe Theodor Adorno) si c'est au moment où les relations humaines tendent à devenir impersonnelles et anonymes que s'est développée la psychologie scientifique. De même, ce n'est pas un hasard si dans nos sociétés consuméristes se développe le concept psychiatrique d'addiction qui ne se limite plus aux seules drogues et substances toxiques mais peut s'étendre à tout objet ou activité détournés d'un usage « normal » (jeux vidéo, sexe, médicaments, rencontres internet, etc.). On ne parle plus alors de drogue ou de toxicomanie mais d'addiction. L'addiction désignait auparavant un état de dépendance et d'esclavage, de contrainte par le corps qui venait sanctionner un sujet qui n'avait pas pu payer ses dettes. Tout, aujourd'hui, peut devenir l'objet d'un esclavage consenti par l'individu qui s'y voue corps et âme. Martyr d'une société qui masque le manque à être des sujets par le manque à avoir des objets – objets toujours plus consommables toujours plus nouveaux, jetables et, en fin de compte, toujours insatisfaisants. Le nouvel objet, par le seul fait de son apparition sur les étalages, signe l'aveu que l'ancien n'était pas si fabuleux qu'il le laissait croire. À ce titre, l'addictif serait ce « client » un peu trop « fidélisé » à un produit, insuffisamment « flexible » dans sa stratégie de consommation. L'addiction d'aujourd'hui témoigne des illusions d'une société néolibérale et fétichiste qui donne de nouvelles figures à la passion du néant, faute de savoir assumer l'expérience tragique de l'existence. L'addictif d'aujourd'hui décompose le spectre d'une société de spectacle et de consommation au sein de laquelle le manque à être se trouve converti infiniment en manque à avoir, où les valeurs d'utilité de nos conduites tendent sans cesse à remplacer nos interrogations fondamentales sur l'expérience tragique de la condition humaine.

Face à cette crise des valeurs et du sens, les idéologies tutoriales qui fondent des pratiques comme celles du coaching font le jeu d'une pseudo-éthique de l'adaptation et de l'opportunisme : puisque vous ne pouvez plus réfléchir sur les conditions de votre existence, nous vous proposons un « prêt-à-penser » et à agir, selon le modèle de l'homme performant, l'homme néolibéral qui craint moins les foudres divines que les pannes de son économie individuelle et sociale.

Ainsi naissent de nouveaux tabous et de nouvelles croyances, de nouvelles maladies aussi. Dans l'extrême médicalisation de nos normes culturelles, sécrétant le Prozac pour l'endeuillé, la Ritaline pour l'agité et les TCC pour l'agoraphobe, le toxicomane témoigne en martyr de la souffrance psychique d'une société offrant au manque à être toutes les ressources des avoirs et des biens de consommation.

Cette culture du *fétichisme de la marchandise* a atteint un tel stade que les produits de consommation se dématérialisent toujours davantage sous la forme de jeux et d'activités « virtuels » qui s'offrent comme des ersatz de nos expériences de vie. Une formule de Marx a bien prophétisé la situation : « Tout ce qui était solide, bien établi, se volatilise. » Dans cet ordre d'idées, des philosophes contemporains comme Slavoj Zizek et Jeremy Rifkin montrent que nous achetons de moins en moins de produits, de moins en moins d'objets matériels, mais que nous devenons de plus en plus des consommateurs d'états de conscience et d'expériences vécues, tant culturels que corporels ou relationnels. C'est la vie elle-même qui devient une *marchandise* que l'individu consomme après l'avoir dématérialisée, virtualisée. C'est une transformation majeure dans la nature de nos perceptions et de nos rapports sociaux. Comme le remarque Rifkin, « dans l'espace physique, les agents économiques transfèrent des biens entre eux ; dans l'espace virtuel, chacun négocie l'accès à la substance de son existence quotidienne[6] ». Dès lors, rien d'étonnant à ce que le coaching propose à la fois de nous vendre de l'efficacité, de participer à la construction du sens de notre vie et de nous faire vivre des états inédits de nos sentiments et de nos émotions. En impliquant le corps et le mental, le coaching propose des innovations existentielles qui puissent circuler et se vendre comme n'importe quelle marchandise, et ce d'autant plus facilement qu'il trouve, dans le management, la matrice de son opération.

Le coaching surgit dans un contexte où chacun conçoit sa liberté comme *le droit d'être original tout en restant conforme au monde ambiant*, intégré à des réseaux de relations réciproques et d'intérêts communs de jouissance d'expériences virtuelles. On se connecte à un coach ainsi qu'on se connecte à des réseaux multiples de jouissance existentielle. Comme le remarque Rifkin, nous sommes dans une logique de joueurs davantage que de propriétaires ou de producteurs. Le coach est l'entraîneur qui nous permet de réussir les matchs que constituent les épreuves successives de ce jeu qu'on appelle « la vie ». Il nous aide à oublier les défaites que nous avons essuyées, à voir leur bon côté et à nous concentrer sur le prochain challenge. La « thérapie brève » auquel lui comme d'autres recourent si volontiers aujourd'hui dit bien cette volonté de zapper son passé, de rejeter la dimension historique de l'être humain. La conscience de soi devient volatile, provisoire, protéiforme, désavouant l'histoire et la filiation, variant dans des univers virtuels qui coexistent dans une instantanéité généralisée. L'identité se réduit à un nœud d'identifications en réseau, véritable complexe fantomatique de rôles fluctuants que l'aveuglement culturel de la psychiatrie moderne n'hésite pas à étiqueter « états limites » sans devoir prendre la mesure de l'affinité de ces nouvelles formes d'hystérie avec l'*ethos* de notre époque.

Ce traumatisme de l'ordinaire est si vif dans notre culture que les psychanalystes ont constaté l'émergence de symptômes particuliers dans leur clientèle : des patients viennent en séance d'analyse moins pour conduire leur analyse que pour trouver un lieu et un temps où déposer l'existence de leur réalité psychique mise à mal dans leur vie quotidienne. L'espace analytique participe alors de la reconstruction d'une réalité psychique donnant un sens et une place à une existence si dispersée parfois qu'elle évoque l'état de *stultitia* dont parlaient les philosophes antiques. Le *stultus* est ouvert aux quatre vents, sans mémoire, sans volonté ; dispersé dans le temps et dans l'espace, il laisse la vie s'écouler sans l'avoir vécue. La mélancolie même a été perdue. Ce n'est plus la figure du nomade qui s'impose à une telle culture mais plutôt celle de l'errant, un SDF heureux ouvert au bonheur intemporel assuré par un implant diffusant, de façon permanente et autorégulée par un logiciel interactif posé dès la naissance, les doses optimales de Zoloft et de Ritaline aptes à lui faire oublier la condition tragique de son existence.

L'individu cyber-libéral, résigné à l'utile comme à la performance, ne revendique ses émotions qu'à la condition expresse qu'elles soient éphémères, jetables, télévisuelles, bref « virtuelles ». Notre culture offre à l'individu les mythes et les cultes d'une béatitude qui le transforment en sujet passif, morose, déprimé, « psychotropié », prenant sa TCC en même temps que son RMI et sa CMU, tout en jouissant goulûment du spectacle des révoltes de ces autres dont il ne sera pas.

Les formes mêmes que peut prendre la souffrance psychique dans une culture donnée en révèlent la substance. Nos pathologies mentales sont le miroir de notre culte de la performance. L'épidémie de dépression contemporaine s'avère inséparable de cette « fatigue d'être soi » dont Alain Ehrenberg[7] a parlé. La dépression nous instruit sur nos valeurs, en particulier sur notre culte de la performance, sur nos idéaux de productivité dont les coachs se sont faits les nouveaux directeurs de conscience. En effet, nous sommes dans une culture où la norme n'est plus fondée sur la culpabilité et la discipline mais toujours davantage sur la responsabilité et l'initiative. À partir de là, les règles sociales exigent des initiatives et des aptitudes mentales nouvelles à quoi justement le coaching est censé préparer nos esprits. Sous ce rapport, la dépression apparaît moins comme la conséquence d'une faute générée par l'univers morbide de la culpabilité que comme une pathologie de l'insuffisance et de l'inadaptation. Le déprimé serait un homme en panne qui souffrirait moins de la persécution de son surmoi que de son inaptitude à atteindre les idéaux que lui-même et son environnement, en particulier l'entreprise, auraient prédéfinis. Le déprimé devient un « handicapé » de l'action, qui n'a même plus la valeur que la psychiatrie accordait naguère au mélancolique[8].

Un conditionnement individualiste au service d'un conformisme généralisé

Pour comprendre comment le coaching a pu apparaître comme technique nouvelle d'accompagnement psychique, de développement personnel et de manœuvre sécuritaire, il convient de prendre la mesure de cette recomposition du champ de la santé mentale. Plus les limites seront brouillées entre le sain et le pathologique, plus les techniques de maintenance sociale et de contrôle du psychisme pourront s'immiscer dans le gouvernement des conduites et les recoins de son intimité. *Le coaching est le nom d'un rituel de grand frère, rituel d'initiation social au monde de l'autocontrôle, qui – sous prétexte de psychothérapie d'un malaise personnel – vise à accroître le contrôle d'autrui jusques et y compris dans les replis les plus obscurs de l'intime.* Cette « psychothérapie » s'inspire de ces modèles sectaires dont nos sociétés ont l'obsession parce qu'elles y reconnaissent leurs propres opérateurs de contrôle social et d'assujettissement librement consenti. La religion néolibérale de notre culture postmoderne adore le veau d'or économique censé soutenir et éclairer la constellation céleste de tout un chacun et du collectif. De cette nouvelle religion, les coachs sont les nouveaux prêtres. Leur salade psychothérapeutico-managériale se révèle comme une réponse typique de notre culture à la souffrance et à la vulnérabilité des personnes. Souffrance et vulnérabilité qui, en basculant dans le domaine de la contingence, cessent de participer d'une certaine image de la condition et de la dignité humaines.

Les entités traditionnelles de la psychopathologie telles que les névroses, les psychoses et les perversions constituaient des obstacles au processus de conformisation des existences et au contrôle des populations. Comment s'y prendre avec ceux qui sont réfractaires aux discours qui ne leur veulent pourtant que du bien ? Il est difficile de manager l'âme d'un patient psychotique ou en proie aux plus folles angoisses. Mais dans un monde qui transforme en « malades » ceux qui n'arrivent pas à s'adapter aux dures nécessités du marché, ces distinctions deviennent floues, les frontières entre le normal et le pathologique s'érodent. Cette situation de confusion peut justifier tout et son contraire, plus personne ne sachant vraiment s'il est tout à fait normal. Être normal, est-ce être un producteur persévérant doublé d'un joyeux consommateur ? Être en bonne santé, est-ce songer à bien se surveiller du matin jusqu'au soir ? Mais si la santé devient mon obsession, ne suis-je pas en train de la perdre, à tout le moins sur le plan mental ? Un tel flou psychothérapeutique offre un boulevard de prospérité aux politiques de dépistage et de traitement des « sujets fragiles ». Il encourage en même temps les conduites des sujets « sains » dont les performances peuvent encore être améliorées.

L'actualité nous fournit un exemple saisissant du brouillage des repères entre pathologie et normalité au nom du sacro-saint principe de la liberté individuelle : la « revendication *queer* ». De quoi s'agit-il ? *Queer* (à travers) exprime la revendication sociale et politique d'une construction libre de l'identité sexuée refusant sa prédétermination par l'anatomie. Les théories et les pratiques *queer* radicalisent toutes les revendications transsexuelles en exigeant la reconnaissance du droit de l'individu libre et éclairé à pouvoir changer de *genre*, faute de pouvoir changer de *sexe anatomique*. Un homme pourra ainsi avoir des rapports sexuels avec une femme après s'être lui-même fait transformer en femme et revendiquer en tant que femme le droit d'être lesbienne. Dans les cas cliniques évoqués par Judith Butler[9] et Claire Nahon[10], c'est la « naturalité » même de l'identité sexuée qui se trouve mise en cause. Dans cette fabrication des corps, dans cette invention de son identité sexuée, l'individu s'émancipe de sa dépendance anatomique tout en s'affranchissant également de l'héritage d'une filiation qui l'avait marqué d'une nomination. Cette identité sexuée flexible, changeante, protéiforme, jetable, consommable est transformée en une expérience de vie comme une autre. Les normes culturelles concernant la sexualité varient en fonction des époques et la bisexualité par exemple, qui pouvait constituer une monstruosité sacrilège au XVIe siècle, va se transformer, au XIXe, en anormalité psychiatrique et se révéler, au XXe siècle, comme une légitime revendication politique.

Il faut bien reconnaître que la théorie *queer* ne concerne pas seulement le sexe et le genre. Bien plutôt, elle s'étend à l'ensemble de nos comportements. Sous une forme très singulière il est vrai, elle nous met en présence de la figure que reçoit, à l'âge de la postmodernité, ce que Michel Foucault appelait le « sujet éthique ». Un sujet éthique qui ne se soucie plus de sa conformité avec les préceptes issus des guides moraux et théologiques imposés par Dieu, le Roi ou le Parti. Un sujet éthique qui va conformer sa conduite aux exigences contradictoires et paradoxales de ses pulsions singulières et des marges de tolérance que lui offre son environnement social et politique.

On voit ainsi comment cette revendication politique de marginalité sociale que constitua en son temps la transsexualité s'est progressivement transformée (via la revendication *queer*) en affirmation de liberté individuelle, parfaitement soluble dans la culture néolibérale de flexibilité et de précarité ontologiques. Si même le sexe se révèle précaire et flexible, alors comment méconnaître le caractère naturellement flexible, mouvant et changeant de l'économie de marché ? C'est sur le terreau de cette culture de l'individu *souverain et conformiste* que prolifèrent les différentes techniques du coaching, toutes compatibles avec la constitution d'un sujet éthique postmoderne et néolibéral. On comprend bien pourquoi les coachs, loin d'apparaître comme des pédagogues autoritaires et disciplinaires imposant des normes qu'ils tiendraient de la vérité de Dieu, du Roi ou du Parti, se présentent comme des frères, des alter ego, tout disposés à ajuster leurs clients à leur environnement. Tout est permis au client-roi, à condition que ses exigences ne viennent pas troubler la logique organisationnelle qui permet de survivre dans une économie de marché.

En désocialisant les explications des troubles psychiques et de la délinquance, en les renvoyant à un support naturel et inné, selon des modèles inspirés du développement neuronal, notre société aboutit à occulter l'environnement et la place de l'Autre dans la manifestation des symptômes. Les formes actuelles de nos pathologies mentales sont autant de messages qui disent l'absence de l'Autre et masquent cette absence sous les dehors de l'affirmation idéologique de la souveraineté individuelle. Ce n'est pas dans n'importe quelle configuration culturelle que naissent les diagnostics d'addictions, de personnalités multiples et de dépressions. C'est sur l'humus d'une culture néolibérale qui détermine la formation des praticiens qui les prennent en charge, à commencer par ces praticiens de la santé de l'âme que sont les coachs. Ensemble, nos nouveaux directeurs de conscience bâtissent le sujet éthique postmoderne, postpolitique et cyberlibéral, un sujet qui se livre à des identifications multiples et changeantes, indifférent aux logiques de filiation et de dette comme à celles de la tradition ou de la discipline. Dans une culture qui fonctionne sur le mode du contrat de confiance et du libre service, la relation thérapeutique s'infléchit insidieusement vers ces formes de maintenance sociale que sont les techniques de coaching.

À l'image de l'addictif, le citoyen infantilisé apprend à voir dans le coach un reflet de lui-même comme sujet libre et responsable, gagnant et obstiné, positif et performant. Trônant dans sa solitude inviolable, il apprend à savourer son charisme inné et son naturel de leader en appliquant les techniques de persuasion que lui transmet son coach. Manière de désavouer la nécessité de devoir en passer par l'autre pour partager son manque à être, pour sortir de lui-même et apprendre à aimer. En présence du coach, il s'écoute parler de lui-même et de ses expériences, il transforme sa vie en source d'enrichissement, en potentiel d'initiatives futures à explorer et à exploiter sur le marché. En lui dispensant gratifications et vécus narcissiques, en convertissant en « biens » des expériences de vie qui, jusqu'alors, n'avaient qu'une valeur négative, le coach aide son protégé à devenir le consommateur de ses propres expériences de vie. Le coaché est bien à l'image de ce que Foucault appelait cet « homme de la consommation » qui est toujours en même temps un producteur, en ce sens qu'« il produit sa propre satisfaction ». Le coaching étend l'empire de la consommation en tant qu'« activité d'entreprise par laquelle l'individu, à partir précisément d'un certain capital dont il dispose, va produire quelque chose qui va être sa propre satisfaction [11] ». C'est le néolibéralisme américain qui a poussé le plus loin cette idéologie d'un individu comportemental conçu comme une entreprise économique, auquel on peut appliquer les modèles, les stratégies et les lois du marché.

Le coaching envisagé comme rituel d'initiation

Les coachs sont donc des « experts » qui vont « manager » les individus en les aidant à « produire » leurs propres « satisfactions » en tenant compte d'un environnement économique, social et politique aux exigences toujours accrues. À l'aide de la dynamique de groupe comme des techniques de persuasion, par une psychologisation des problèmes des « coachés », les coachs vont permettre à leurs clients de trouver des « stratégies » de satisfaction « partagées » avec la logique des organisations qui les emploient : « Le coaching devient ainsi un processus de négociation et d'influence dans lequel le coach passe en revue les coûts et bénéfices des stratégies adoptées par le coaché et lui fait entrevoir des alternatives potentiellement plus porteuses. » À ceci près que ce contrat existentiel qui vise à développer les capacités d'autonomie de l'individu se trouve entièrement cadré par les références de l'entreprise. Les choses sont clairement énoncées au départ dans un contrat de service passé entre toutes les parties – selon le modèle libéral classique. Tout le monde est censé y trouver son compte, le coach, le coaché et l'entreprise qui les emploie. Le coaching est un « produit », écrivent Pierre Angel et Patrick Amar, qui se situe « au croisement de deux champs principaux : l'entreprise et la relation d'aide [12] ». Les intérêts des uns et des autres sont stipulés par un contrat de service qui constitue une « spécificité importante de l'intervention de coaching. En contractualisant formellement la relation, le coach réaffirme la responsabilité des deux protagonistes dans l'issue de l'intervention [13] ».

Il s'agit donc d'une véritable initiation sociale, d'un rituel néolibéral qui contient en germe tous les effets thérapeutiques tant sur l'organisation que sur les sujets qui y œuvrent. Le coaching permet ainsi un refoulement plus radical des manifestations subjectives considérées comme socialement indésirables. Tout ce qui est improductif, économiquement inexploitable est chargé d'un coefficient de gêne, d'angoisse, de culpabilité, d'inadaptation qui a pour effet que le sujet les évite même quand il est seul. Cette initiation sociale est aussi une initiation morale : « Tu es libre et autonome » comme « seigneur de toi-même », disait Locke, dans le cadre des contraintes et des intérêts de l'entreprise et de ses stratégies de marché. Toute la philosophie libérale le proclame, de Locke à Alain en passant par Benjamin Constant : « Tu n'es pas coupable si tu es capable. » C'est donc un cahier des charges des droits et des obligations morales qui se trouve établi par ces rituels d'initiation sociale. Dans le concret des situations, une foule de rituels scande les séquences de coaching. Le rituel, nous dit-on, permet d'« établir consciemment ou inconsciemment le contrat de séance. On pourra dire : "Aujourd'hui, de quoi souhaitez-vous que nous parlions ?" Et terminer par : "Avez-vous besoin d'autre chose ?" [14] »

Le coach est tellement soucieux de ne pas apparaître comme un donneur d'ordres qu'il ne commande même pas la fin de la séance (il se borne à se lever ou à sortir son agenda pour signifier que la consultation est terminée) [15].

Directeurs de performances cognitives, pédagogues en flexibilité psychique ou mentors en stratégies comportementales, nos coachs sont aussi et avant tout des « guides moraux » assurant la promotion des valeurs utilitaires. Ils savent que les valeurs de vérité et de justice (dont notre époque n'a que faire) ne leur rapporteront rien. L'honneur et l'esthétique, l'éthique et l'esprit critique n'ont de valeur sur le marché néolibéral qu'à pouvoir se vendre, à rapporter du profit ou consolider des stratégies. Ici, nous n'avons plus besoin des figures féroces et cruelles du surmoi et de l'autorité paternelle pour nous plier aux normes socio-économiques. L'idéologie du consentement libre et éclairé, l'autogouvernement des conduites et la mutualisation des moyens de maintenance sociale suffisent. Quitte à ce que le culte du moi souverain favorise une pathologie du narcissisme et de la persécution. Quitte à ce qu'on en vienne à pousser l'autonomie jusqu'au bout en nous faisant faire l'amour avec des « tamagochi », ces fameux jouets japonais qui permettent de s'affranchir de la dépendance aux animaux de compagnie. Ces petits objets ronds sont dotés d'écrans qui indiquent à l'enfant les besoins de l'animal virtuel (nourriture, boisson, sommeil, caresses, etc.). Si l'enfant oublie ou échoue trop souvent à satisfaire les exigences du tamagochi, celui-ci « meurt ». On imagine sans peine les effets intersubjectifs de cruauté perverse, d'identification instrumentale et d'aliénation consumériste que ce type de jeu a pu produire. On devine ce que donnerait, dans notre culture d'expertise, la pratique des « sex-tamagochi »... À ne plus savoir à quel coach se vouer !

Dans ce jeu qui convertit en marchandises les expériences de vie comme les formes de lien et de jouissance, se dévoile un style d'initiation sociale propre à une culture. Jouer, c'est faire l'expérience de l'avenir du monde. Dans ce jeu se manifestent nos pratiques sociales et leurs apprentissages, notre manière de nous constituer comme « sujets éthiques », soucieux de se gouverner et de se lier aux autres. Nous avons là le modèle d'une initialisation informatique du sujet humain réduit à des archives de signaux réactifs à ceux des autres, ayant abandonné le champ de la parole et du langage corporel. Le sujet a lâché la proie de son existence vécue pour l'ombre de sa virtualité.

On ne peut comprendre la prolifération du coaching sans prendre la mesure de cette transformation mercantile des expériences subjectives et personnelles de la vie en systèmes reproductibles de réactions comportementales (stimuli/réactions pouvant faire l'objet d'un apprentissage). C'est ce que les experts nomment une « économie de l'expérience », à savoir un monde où la vie de chaque individu peut prendre une valeur marchande potentielle[16]. Selon la terminologie des nouveaux stratèges du marketing, on parlera de la *lifetime value*, la valeur marchande potentielle de chaque moment de la vie d'un individu consommé par lui-même sous forme de « segments commercialisés ».

Dans cette nouvelle économie, le coaching recycle ce qui, au sein de la transaction marchande, a déserté le lien social : la vie vécue et le lien avec autrui. D'où les marchandises-simulacres qui, dans le coaching, s'y substituent sous la forme du « développement personnel » et de la négociation d'entreprise. Le coaching apparaît de la sorte comme la forme idéologique d'une prescription sociale où tout se vend et s'achète, y compris l'expérience humaine, son vécu singulier et sa valeur politique.

Ainsi, comment le coaching, cette initiation sociale à la culture néolibérale, aurait-il pu trouver sa place dans cette nouvelle économie du bonheur si ce n'est en vendant la santé sous la forme d'un style de vie [17] ? Dans un espace sanitaire qui s'étend à l'infini, du traitement de la maladie grave à celui du « mieux-être », la frontière entre le normal et le pathologique peut se brouiller suffisamment pour que les pratiques thérapeutiques et managériales s'interpénètrent.

La civilisation médicale des mœurs

Dans la tradition allemande, à partir des XVIIIe et XIXe siècles, la *civilisation* s'oppose à la *culture* [18]. La civilisation, c'est la politesse, les bonnes manières, les rituels de courtisanerie qui permettent d'obtenir les honneurs, les signes de distinction sociale de l'aristocratie et de son style de vie. A contrario, la culture revendique la formation de l'esprit, la vie intellectuelle et ses vertus propres à une bourgeoisie allemande exilée de la vie politique et repliée sur le domaine des arts, des sciences, des lettres et de la philosophie. Dans l'Allemagne du XIXe siècle, un homme cultivé ne se confond pas avec un homme civilisé. Sans devoir entrer dans le détail des recherches de Norbert Elias, nous dirons simplement que la civilisation procède de ce qui donne un style aux mœurs et non pas de ce qui les fonde en vertu ou en légitimité.

En Occident aujourd'hui, l'évolution des mœurs incline toujours davantage vers une civilisation où l'intériorisation des normes (l'autocontrainte individuelle) se substitue au système répressif disciplinaire. Cette civilisation-là devient même un signe de distinction sociale et progressiste en massifiant les traits caractéristiques d'une classe sociale dite supérieure. La *civilisation* néolibérale s'installe, à défaut de la *culture* démocratique.

Voilà comment nous entendons le terme de « civilisation » lorsque nous parlons de « civilisation médicale des mœurs ». Le coaching nous apparaît comme l'un des derniers rejetons et des meilleurs fleurons de cette civilisation. S'il est vrai que civiliser, c'est policer, on pourrait parler en l'occurrence de *police médicale*. Il faut produire une certaine uniformité afin que tout le monde soit « en forme ». Être en forme, c'est s'uniformiser à travers une certaine manière de s'y prendre tant avec ses vêtements qu'avec ses expressions, sa gestion du corps ou ses façons de se mouvoir dans l'espace et dans le temps. La notion de civilisation a quelque chose qui se réfère aux bonnes manières. Que ces bonnes manières soient physiques, psychologiques ou affectives, dans tous les cas elles concernent le comportement humain.

En désignant la civilisation médicale des mœurs, nous avons à l'esprit la façon dont le savoir médical va servir à définir une nouvelle civilité, de nouvelles manières sociales de se rapporter à soi-même et aux autres. L'enjeu est d'établir un code de bonne conduite, un code de savoir-vivre avec soi-même et les autres à partir de l'idéologie médicale. Par exemple, le manuel *Les Clés d'un bon coaching* nous conseille de détecter nous-mêmes nos états de stress à l'aide des tests d'autodiagnostic psychologique qui font florès à l'heure actuelle. Il nous apprend à nous reconnaître déprimés, anxieux ou agoraphobes, tout en nous prodiguant des conseils pour repérer les signes de contrariété[19].

Tout se passe comme si l'État, face à la difficulté de « gérer » les trop vastes populations issues d'un long processus d'urbanisation, devait recourir à un mythe social, celui de l'individu « libre et éclairé » chargé toujours davantage de la responsabilité de ses conduites et de ses comportements. Il s'agit ainsi de mettre en place une sorte d'« éducation nationale permanente » ou de « rééducation permanente » dont nous sommes nous-mêmes les instigateurs. De temps à autre, il est vrai, nous peinons à suivre notre programme d'autocorrection comportementale. Mais le temps d'un petit footing à 250 euros de l'heure, notre coach peut nous remobiliser et nous aider à reprendre notre destin sanitaire en main.

Avec le coaching, nous sommes donc plus près de la médecine qu'il n'y paraît. Le coach est l'ami du médecin de santé publique et de l'ordre public. La civilisation médicale des mœurs a accouché du coaching en étendant son emprise au-delà de la dimension physique des corps, en empiétant sur le terrain du désordre psychologique. L'histoire de la médecine moderne nous montre que les questions dont elle s'est occupée n'ont cessé de s'accroître. Nous sommes progressivement passés du médical proprement dit au psychologique et même au moral, avec le concours de la psychologie et de la psychiatrie. Dans les pratiques du coaching s'entrelacent en permanence, par le jeu des métaphores, les énergies psychiques et mentales et les réseaux biologiques. Cet entrelacement est frappant dans le concept de « programmation neurolinguistique » utilisé pour englober les techniques psychologiques de conditionnement de soi ou des autres dont les coachs sont particulièrement friands. On ne cesse de coder et de décoder les informations sensorielles que reçoit notre cerveau-ordinateur. On nous conseille d'interpréter les « signaux de notre corps » en nous expliquant que « les perceptions oubliées et retrouvées sont autant de lanternes qui s'allumeront pour [nous] guider sur le chemin du bien-être. À [nous] d'appuyer sur l'interrupteur et de remettre de l'énergie[20] ». Ailleurs, il sera question de « nous connecter sur nos motivations les plus profondes[21] ». Apprenant que son dirigeant lui fait l'honneur de lui payer un coach, le brave manager d'une entreprise découvre soudainement qu'il n'était pas en si bonne santé qu'il le pensait. Il aperçoit son insuffisance au regard du modèle de santé tonique et éclatante qu'il est appelé à incarner pour faire rayonner son entreprise. Il faisait partie des avachis et des ramollis et il ne le savait pas. Le coaching s'entend ainsi à *pathologiser* les bien-portants, à leur faire prendre conscience que les limites qu'ils attribuaient naïvement à leur condition vulnérable d'êtres humains n'ont rien d'une fatalité.

Nous sommes désormais si profondément ancrés dans cette civilisation médicale des mœurs que la vie elle-même tend à devenir une maladie dont les différents systèmes d'évaluation et de contrôle démultiplient les formes de traitements somatiques et psychologiques, préventifs et curatifs. Le coaching est une sorte de terminaison par l'absurde d'un processus séculaire d'empilement des indicateurs de « qualité de vie ».

Le coaching dans l'histoire de la normalisation

Il va sans dire que le coaching n'est pas la cause mais le symptôme d'un processus de normalisation des comportements. Un processus d'autant plus déroutant qu'il prend appui sur l'idéologie du consentement libre et éclairé. Le coaching participe d'un vaste mouvement de psychologisation des problèmes sociaux qui relève d'une normalisation sociale tout aussi patente dans l'idéologie psychanalytique que dans la civilisation médicale. Les pratiques de normalisation sociale ne se sont établies que progressivement avec de nombreuses transitions, de la même façon que les bonnes manières à table ou en société, lorsque nous sommes passés de la société aristocratique de cour à la société bourgeoise du XIXe ou du XXe siècle.

Mais ne nous y trompons pas : le XIXe siècle, en particulier sa seconde moitié, constitue une période essentielle pour passer d'une médecine d'hygiène des lieux à une médecine d'hygiène mentale et morale. En même temps que la médecine s'engageait contre les germes et les infections, qu'elle développait des stratégies et des métaphores guerrières contre l'invasion microbienne, l'insistance et le renouvellement des pratiques de propreté, l'attention sans cesse plus pressante aux zones corporelles invisibles et cachées, jointe à la peur du microbe, ont produit une nouvelle sensibilité sociale. Le bénéfice était tellement évident pour les populations, en termes de longévité, qu'il était quasi impossible d'apercevoir les effets insidieux du dispositif disciplinaire qui l'accompagnait. Une mobilisation individuelle de tous les instants était requise pour éviter l'invasion de ce qui était autre, étranger, hétérogène. La volonté de maîtriser le microbe convergea avec le souci de préserver son propre territoire corporel ou national. La création d'intimités nouvelles se trouva accomplie matériellement par l'isolement des sanitaires. Fort des succès de l'hygiène publique, l'argument sanitaire apporta une justification inédite aux pratiques médicales, il leur donna dignité et légitimité[22].

Ce qui se révèle extrêmement important, à la fin du XIXe siècle, c'est la conviction que, désormais, il ne faudra plus jamais cesser de suivre et de surveiller l'individu, que ce soit par l'hygiène publique, par les surveillances sanitaires des populations ou encore par les économies des assurances maladie. La fin du XIXe siècle est aussi marquée par la naissance du mouvement eugéniste. Son fondateur, le biométricien Francis Galton, lui assigna pour contenu l'« étude des facteurs socialement contrôlables qui peuvent élever ou abaisser les qualités raciales des générations futures[23] ». Cette référence à des « facteurs sociaux » situe l'hygiénisme au cœur même du projet eugéniste. En l'occurrence, c'est un hygiénisme qui ne se limiterait pas au seul combat contre les fléaux mais comporterait une dimension d'éducation des masses[24] centrée sur l'éducation sexuelle et l'éveil à la connaissance rationnelle des lois de la procréation. L'eugénisme a pu se fondre durablement dans un programme hygiéniste et progressiste de lutte contre la « dégénérescence », comme en témoigne ce texte rédigé en 1936 par Sicard de Plauzoles : « En mettant en œuvre tous les moyens de la puériculture, nous pouvons empêcher les mauvaises fécondations qui résultent de l'ignorance et de l'imprévoyance, car l'ignorance des procréateurs est la principale cause de la naissance des enfants tarés. Par l'éducation sexuelle, par la civilisation de l'instinct de reproduction, nous pouvons remplacer la procréation livrée au hasard par la procréation consciente, éclairée, réfléchie et volontaire[25]. » Il s'agit de promouvoir un eugénisme libre et éclairé par la voie de l'éducation sanitaire. Pour Sicard de Plauzoles, autant que pour Galton, cette éducation doit permettre d'élever les pratiques matrimoniales ordinaires à un cran de conscience réflexive susceptible de faire de l'eugénisme une démarche personnelle et librement consentie. Car, une fois averti par une enquête génétique, le sujet aura quelques scrupules à répandre ses mauvais gènes. Qui voudrait se marier avec une personne dont la famille est aussi sujette à un cancer que la sienne par exemple ? Comme dans le cas des maladies contagieuses, « le devoir découlerait du savoir[26] ». L'eugénisme a été un rationalisme hygiéniste de type cartésien : d'une grande lumière dans l'entendement doit procéder une libre inclination de la volonté. Dans la théorie des bonnes naissances, il s'agissait, en effet, de bonifier son capital génétique en cumulant les bons gènes sur plusieurs générations consécutives jusqu'à ce qu'adviennent les hommes purs et sans défectuosité. On pourrait dire, en ce sens, que l'eugénisme est un capitalisme génétique que l'on peut, sans surinterpréter le phénomène, annexer à ce que Max Weber appelait les « aires d'extension de la religiosité ascétique[27] ». D'autant que l'eugénisme a surtout pris son essor en terre puritaine et qu'il a reçu l'aval du législateur beaucoup plus aisément au sein des États protestants. Sans entrer dans les détails de l'ascétisme puritain, dont Weber a montré l'influence dans l'essor du capitalisme moderne, il est facile de remarquer que, chez Galton, l'activité sexuelle – comme n'importe quelle activité de production en général – a été appelée à se soustraire aux aléas de la vie empirique, à l'indétermination et à la contingence, pour entrer dans le cycle des activités rationnelles du productivisme méthodique. Tout s'est passé comme si, après les biens et les services, les rencontres individuelles avaient à leur tour été prises dans le filet d'une logique générale de rationalisation ascétique et méthodique.

Cet eugénisme méthodique et ascétique qui s'est imposé jusqu'à la moitié du XXe siècle est venu s'intégrer dans une phase de la modernité où l'affirmation de l'homme comme conscience autonome et sujet de droit a été contrebalancée par une série de devoirs inconditionnels à l'égard du prochain et de la collectivité, au moyen de l'inculcation de l'esprit de discipline et d'abnégation. L'eugénisme, dans sa première thématisation, appartient à l'âge de la modernité disciplinaire, du dévouement à la nation, de l'esprit de famille, des leçons d'instruction civique, des devoirs commémoratifs et du scrupule du travail bien fait.

Le projet de Galton, comme de tous ceux qui ont milité dans son sillage pour l'amélioration de l'espèce humaine, a été l'une des expressions de cette préoccupation récurrente durant la première séquence de la modernité : désamorcer les potentialités désorganisatrices de l'individualisme naissant en entravant le plus possible le déploiement de la logique des droits subjectifs. L'ambition chère à Galton d'une orientation rationnelle et méthodique des choix matrimoniaux reflète, à sa manière, cette hantise de l'affirmation de l'individu souverain, cette volonté de le maintenir dans le respect absolu de ses devoirs envers la communauté, en dépit du droit à la liberté privée qui lui était reconnu par ailleurs.

Que ce soit dans l'eugénisme ou l'hygiénisme, on retrouve l'ambiguïté permanente de ces contrôles sociaux supervisant les attitudes et les comportements des individus au nom d'une défense collective (lutte contre les fléaux, lutte contre la dégénérescence, devoirs envers l'espèce, assurance sociale, assurance maladie, bonheur collectif, etc.), alors même que se démocratise le projet politique d'une autonomie individuelle, d'un sujet théoriquement libre de choisir son mode de vie, de se marier avec qui il veut, s'il veut, ou même de ne pas se marier du tout. L'idéologie individualiste du droit à la libre disposition de soi-même a permis de rendre moins indigeste cette normalisation conformiste des masses. L'individualisme a favorisé l'adaptation de l'individu à la nouvelle configuration économique qui s'est mise en place à partir du XIXe siècle.

La promotion d'un mythe social : le consentement éclairé de l'individu à son « complet bien-être »

Le XXe siècle a couronné le mouvement d'extension du territoire de la médecine amorcé au XIXe. Après la santé publique et l'hygiène, la médecine élargit son champ d'action au-delà de la santé physique, en débordant progressivement sur celui de la santé psychique et morale. Le mal-être psychologique acquiert une acuité nouvelle ; comme l'écrit G. Vigarello, les maux « sont nommés, décrits, évalués jusqu'aux tentatives d'en suggérer la mise en chiffres et l'explication. Peu importe la précision de cette explication. Le résultat est une extension du territoire de l'hygiène, la prise en compte des désordres intimes [28] ».

Cette nouvelle représentation de la vocation du médecin sera consacrée au niveau international par l'Organisation mondiale de la santé en 1947, au moment où la médecine commence à avoir les moyens de ses ambitions : « La chronique de l'Organisation mondiale de la santé [...] espère marquer, sur la route du progrès humain, les étapes qui conduiront à un monde où tous les peuples pourront jouir de la santé qui ne sera plus l'"absence de maladie ou d'infirmité" mais un "état de *complet* bien-être mental, physique et social"[29]. » Cette référence de l'OMS à un état de plénitude ontologique empiétait sur le domaine du salut traditionnellement réservé à la religion – on doit se souvenir ici que le latin *salus* signifie précisément « entier », « complet ». Jusqu'alors, la médecine se bornait à rétablir la santé du corps. La béatitude, c'était l'espace gardé de la religion, l'objet d'une espérance en l'au-delà. Or, ce que la religion promettait pour l'au-delà, la médecine se le donnait pour objectif ici-bas.

Marylin Ferguson, la principale théoricienne de la doctrine du Nouvel Âge, ne s'y est pas trompée en décrivant élogieusement cette définition de la santé par l'OMS comme une révolution culturelle, le signe avant-coureur de l'entrée de l'humanité dans ce qu'elle a appelé un nouveau « paradigme », une nouvelle manière « holistique » de penser l'homme, un nouveau schéma de compréhension anthropologique qui allait mettre fin à deux mille ans de civilisation chrétienne[30]. Mettre fin à l'« ère du Poisson », l'âge désormais révolu du christianisme, c'était mettre fin au dualisme anthropologique classique qui, en séparant l'âme et le corps, avait trop nettement dissocié la quête spirituelle du salut du traitement somatique des maladies. Fini à jamais le temps où la *santé*, en tant qu'objet de la médecine, se distinguait radicalement du *salut* proposé par la religion. Dépassé cet âge où le médecin tâchait de rétablir la santé corporelle du malade, qui, selon la volonté de Dieu, guérissait ou ne guérissait pas (auquel cas le prêtre prenait le relais du médecin à son chevet). Pour le plus grand bonheur du plus grand nombre, cette frontière entre celui qui aide à rétablir la santé du corps et celui qui prépare au salut de l'âme est devenue moins facilement identifiable. Depuis, on n'a eu de cesse, au nom de l'éthique et de la déontologie médicales, d'exhorter les médecins à tenir davantage compte du psychisme et de la personnalité du patient, à ne pas le résumer à sa maladie. Durant la seconde moitié du XXe siècle va se développer une médecine qui, conformément au vœu prophétique de Francis Bacon, va prendre en compte le souci de « rendre les esprits joyeux[31] », de les réinstaller dans d'heureuses dispositions.

Une tendance au sein du corps médical consiste à rejeter totalement cette psychologisation de l'activité thérapeutique. Aux yeux d'un certain nombre, la médecine doit demeurer une technique de prise en charge des maux du corps et, si le prêtre n'est plus crédible à ses yeux, le patient doit se rendre au cabinet d'un psychothérapeute. Ce n'est pas au médecin de rétablir l'équilibre psychologique du malade. À chacun son domaine de compétence. À l'inverse, une partie des praticiens considèrent que la prise en charge des maux psychologiques est l'essentiel de l'activité médicale, et ce en partant du principe que les maladies sont souvent d'ordre psychosomatique (« C'est dans votre tête que ça se passe ! », « Soyez mieux dans votre esprit, et vos douleurs s'en iront », etc.). L'un de nous[32] a déconstruit cette notion de « psychosomatique » en montrant son caractère idéologique et totalitaire.

Mais quelle que soit la manière dont elle est perçue dans le milieu médical, accordons à la définition de la santé de l'OMS comme « complet bien-être » d'avoir annoncé une compréhension nouvelle de la santé, « épanouissement psychique et corporel », qui n'a cessé de se diffuser depuis. Enjambons quelques décennies et interrogeons-nous sur la formulation de la loi française de 1975 sur l'avortement : « Toute vie doit être protégée dès son commencement. » Cependant, « dans une situation de *détresse*[33] », une femme est autorisée à interrompre sa grossesse. Cette « détresse », notons qu'elle n'a pas besoin de relever du registre psychiatrique pour être prise en charge. Ou alors on psychiatrise l'état d'une femme qui souhaite interrompre sa grossesse, interprétation passablement tendancieuse. La médecine, du fait de ses nouvelles possibilités d'intervention sur le corps humain, a dû se poser de nouvelles questions : où commence et où finit la détresse ? Qui va permettre d'en décider ? Détresse, est-ce un état dépressif ? Certes, aujourd'hui la détresse n'est plus, dans les faits, un motif nécessaire pour recourir à l'avortement. Reste que, par sa formulation, le texte de 1975, en même temps qu'il a fait entrer l'avortement dans le champ des pratiques médicales, a octroyé aux médecins des compétences psychologiques, avec le pouvoir d'évaluer et de soigner certains états psychiques.

Cette infiltration du psychothérapeutique au sein du médical, l'exigence d'un soin qui n'est pas seulement le soin de la maladie, ne s'est pas réalisée sans une extrême réticence du corps médical et de son conseil de l'ordre. En pleine bataille pour la légalisation du recours aux moyens contraceptifs en 1967 ou de l'avortement en 1975, le corps médical et son conseil de l'ordre répugnaient dans leur majorité à s'engager dans cette nouvelle administration du vivant, dans ce gouvernement accru des conduites. Les médecins pressentaient, sans forcément le dire, que cette « médicalisation de l'existence » allait accroître leur magistère aux dépens de leurs missions spécifiques de soigner les maladies.

On ne peut pas comprendre l'essor actuel du coaching sans le replacer dans la perspective de ce gouvernement contemporain de la vie sociale et individuelle déployé de la naissance à la mort. C'est une part de la « surveillance » thérapeutique et normalisatrice – confiée dans les années 1970 au corps médical pour « dépénaliser » les écarts de conduite et les déviances aux normes sociales – qui se trouve ici déléguée aux coachs et autres soigneurs de l'âme. La notion de « détresse » a été un opérateur social essentiel dans cette sollicitation sociale des médecins à administrer l'existence.

Si le médecin peut intervenir dans certains cas de détresse, pourquoi pas en d'autres ? Jusqu'où la médecine est-elle autorisée à aller dans la prise en charge des dispositions psychologiques des individus ? Ces dix dernières années, aux États-Unis, et même en certaines contrées de l'Europe (Birmingham, Gand), nous avons vu des médecins permettre à des parents de choisir le sexe de leur enfant, par recours à des techniques de sélection des spermatozoïdes. Le motif « médical » invoqué est le *family balancing*, ou l'« équilibre familial » : on considère que, pour l'épanouissement psychoaffectif des membres d'une cellule familiale, il vaut mieux que la descendance des parents ne soit pas trop unisexuée. Concrètement, il est préférable que dans une famille de quatre enfants, il y ait deux filles et deux garçons.

La France n'est pas en reste. Lorsqu'un couple est doublement stérile, la loi autorise qu'un embryon resté au fond d'un congélateur à la suite d'un parcours de fécondation in vitro puisse être transféré dans l'utérus d'une femme stérile, avec le consentement libre et éclairé du couple qui ne souhaite pas son implantation. Si un couple n'a pas réussi à obtenir un enfant avec les moyens classiques de la procréation assistée, il lui reste la possibilité de demander un embryon dont un autre couple ayant réalisé son « projet parental » n'a plus besoin. C'est dire que le médecin de la reproduction est autorisé à créer délibérément des enfants génétiquement orphelins. Le motif en est qu'une femme est frustrée (nouveau cas de « détresse » ?) de ne pouvoir porter un enfant. Souhaitons que les géniteurs n'aient pas trop souvent à l'esprit qu'ils ont un enfant né et vivant ailleurs, au sein d'un autre couple (inconnu), dans le cadre d'un autre projet familial, un enfant dont ils peuvent espérer qu'il ne sera pas en quête (vaine) de ses parents biologiques. En ce cas en effet, il est à craindre que l'on soit amené à solliciter une autre médecine pour prendre en charge de nouveaux désordres psychologiques... L'équipe de médecine de la reproduction qui réalise ce geste proposerait à ce couple d'adopter un enfant orphelin déjà existant et non d'en fabriquer un de toutes pièces si elle n'était pas convaincue qu'il est de son devoir de combler un manque affectif, d'apporter son soutien biotechnologique à une nouvelle figure de la détresse.

Quoi que l'on pense de l'usage des biotechnologies, force est de convenir que la médecine se situe dans le droit fil de cette compréhension de la santé en termes d'épanouissement psychique et corporel que lui a assignés l'OMS au sortir de la Deuxième Guerre mondiale. Si nous sommes fondés à parler de médicalisation de l'existence et à inscrire le coaching dans la même logique, c'est précisément parce que le but de la médecine est dorénavant cet état de complet bien-être qui s'étale à la une de tous les magazines et auquel le coaching vient apporter sa contribution.

La technicisation des relations intersubjectives

Le transfert biotechnologique des embryons atteste de la tentation de traiter l'humain comme du matériau de laboratoire. Le réel, naturel ou humain, est devenu calculable et manipulable. Il obéit à nos désirs, à la commande et à la programmation. À la faveur des nouvelles techniques, nous nous rapportons au monde sur le modèle du self-service. La prophétie de Heidegger s'accomplit sous nos yeux[34].

Heidegger ne critique pas la technique en elle-même. Son souci porte sur ce qui se joue à travers le processus technique, la disposition d'esprit et de civilisation qu'il diffuse. La technique est en effet un mode de rapport à l'être qui consiste à considérer que seul ce qui est calculable, quantifiable et manipulable est réel. Prise dans les rets de la technique, la réalité extérieure est convertie en statistiques ; elle obéit à la commande et à la programmation. La nature est « arraisonnée » comme fonds à exploiter à l'infini. Si la nature devient le fonds de commerce du capitalisme industriel, la nature humaine devient le fonds du capitalisme culturel. Et dans le domaine de la nature humaine à exploiter, à produire et à vendre, on ne risque pas la rupture de stock de la matière première : « Le coach, qui doit ainsi être un expert du processus, peut mettre le coaché, détenteur du contenu, en position de faire émerger des choix qui capitalisent sur ses ressources[35]. »

Quand Descartes, figure emblématique de la Modernité s'il en est, entreprend de fonder sa philosophie sur le *cogito* (« Je pense donc je suis »), il faut saisir l'implicite d'un tel énoncé : tout ce qui ne pense pas n'est pas. Si je cessais de penser, dit Descartes, je cesserais d'être. Du même coup, la nature perd toute consistance ontologique puisque les animaux ne pensent pas plus que les minéraux ou les végétaux. Dès lors, nous pouvons nous en rendre « maîtres et possesseurs », selon la formule fameuse de la sixième partie du *Discours de la méthode.*

Aujourd'hui, nous avons accompli le projet de Descartes. À la faveur des progrès tentaculaires de la rationalisation industrielle, nous nous sommes rendus, au moins dans l'imaginaire commun, « maîtres et possesseurs de la nature ». Les effets délétères de ce processus (déforestation, pollution, réchauffement climatique...) sont connus de tous et éveillent une légitime perplexité. Mais condamner la technique au nom de ses inconvénients pour promouvoir un retour à la nature, aux plantes et aux tisanes (comme on le voit aujourd'hui à travers le développement des médecines dites « parallèles »), c'est aller au-devant de dangers bien plus graves que ceux auxquels on prétend échapper. Heidegger nous met ici en garde : « Il serait insensé de donner l'assaut, tête baissée, au monde technique ; et ce serait faire preuve de courte vue que de vouloir condamner ce monde comme étant l'œuvre du diable[36]. » La technophobie est une fausse réponse à un vrai problème qui requiert des solutions moins simplistes que celles de la naturopathie. Toute la difficulté du travail de localisation du danger vient de ce qu'il n'est précisément pas « localisable ». Le danger est invisible car il se situe *à l'intérieur de nous-*

mêmes, dans la disposition d'esprit générale sur fond de laquelle se déploie le processus technique. L'univers technique dans lequel nous baignons ne peut être sans incidence sur nos manières de percevoir, de sentir, de capter des climats émotionnels. Que se passe-t-il en nous, par exemple, quand nous pressons sur une pédale d'accélérateur, quand nous appuyons sur un interrupteur, quand nous mobilisons des informations ou des images sur un écran ? Que se passe-t-il en nous lorsque nous cliquons, zappons ? Comment ne pas être fasciné, ébloui par la technique alors qu'elle ne cesse d'accroître le sentiment que le monde est à nos genoux, à notre disposition ? La rapidité de la transmission des informations et des images électroniques développe le sentiment que le monde est devenu un village planétaire.

Ce qui nous menace, c'est l'occultation progressive de la pensée qui *médite* par la pensée qui *calcule*. C'est l'être intime de l'homme – « dont la destinée est de penser », nous dit Heidegger – qui est insidieusement attaqué par le processus technique. Quand nous disons aujourd'hui que nous « gérons » notre vie, nos angoisses ou notre mort, comme se « gèrent » en entreprise des « stocks » de personnel ou de « matériel humain » ou même, en d'autres lieux et dans certains congélateurs, des « stocks » d'embryons humains, nous utilisons machinalement un langage technocratique qui trahit la contamination de notre pensée par la technique, l'érosion de la frontière entre l'humain et le non-humain. Le coaching procède de cette « gestion » technocratique de l'humain démocratiquement mise à la portée de tous.

Il peut paraître hardi de convoquer un penseur aussi imposant et coriace que Heidegger pour éclairer le développement d'une idéologie aussi étroite et simpliste que le coaching. Pourtant, s'il est vrai que c'est dans le particulier que se réalise l'universel, il n'est pas sans intérêt d'explorer le phénomène du coaching à la lumière du concept majeur de la pensée du philosophe allemand, celui d'« essence de la technique ». Car, dans sa rhétorique empruntée au management, son recours à la « psychologie humaniste » qui ramène l'homme à un stock de « ressources » à mobiliser, ou encore dans son usage des techniques de manipulation conçu par le courant de la programmation neurolinguistique (PNL), le coaching nous interroge : demain, saurons-nous encore ouvrir sur le monde des yeux émerveillés devant le mystère de l'être ? Saurons-nous regarder le monde surprenant des choses et des autres autrement que comme un fonds disponible, manipulable, calculable, obéissant à la commande et à la programmation ? Ou, pour le dire comme Heidegger, « toutes choses vont-elles être prises dans les pinces de la planification et du calcul, de l'organisation et de l'automatisation[37] ? » Toutes choses, y compris l'homme ? Percevoir l'homme à travers une perception technique, techniciser la relation avec l'autre, penser stratégiquement ses façons d'être, l'influencer au moyen de techniques de persuasion : voilà peut-être ce qu'il y a de moins pensé et, partant, de plus pernicieux dans l'avènement de la technosphère, un danger sans commune mesure avec celui de l'accumulation des objets techniques. De même que la nature est « mise en demeure » par le « dispositif » (*Gestell*) de livrer ses énergies, les hommes sont mis en demeure de mobiliser leurs ressources. À l'image de la nature convertie en trois siècles à peine en un gigantesque réservoir d'énergies à piller, les hommes se trouvent insensiblement transformés en stocks de fonds à explorer/exploiter. Sous une forme il est vrai caricaturale, le coaching illustre bien cette technicisation du rapport avec l'autre. De même que la pédagogie a laissé la place aux « techniques » pédagogiques, qu'il n'y a plus d'apprentissage de la lecture mais des « techniques d'apprentissage de la lecture », que la sexualité, pour être optimisée, passe par l'expertise savante des sexologues, le coaching nous annonce que la rencontre avec autrui est d'un autre âge et qu'il existe à présent des techniques d'optimalisation des virtualités de la relation intersubjective (« techniques d'écoute et de questionnement », « restructurations cognitives et techniques de cadrage[38] »).

Le sujet lui-même en vient à se penser techniquement : apprendre signifie pour lui « programmer son cerveau pour telle ou telle tâche[39] ». Cette vision est d'autant plus facilement intégrable à l'idéologie du coaching qu'elle respecte son credo humaniste/égalitariste (« Chaque être humain possédant au départ le même câblage neuronal[40] », « Chacun possède des ressources psychologiques intérieures et l'aptitude potentielle à les utiliser[41] »).

La relation d'aide, à l'âge de la technique, prend appui sur une perception d'autrui (rebaptisée « outil de base » par la PNL) remodelée par les connaissances tactiques de la stratégie relationnelle : « Lorsque l'on observe le regard de la personne aller vers le haut et la droite, cela signifie qu'elle se souvient d'images, si elle regarde en haut et à gauche, elle construit des images, quand le regard est fixe, cela indique que la personne réfléchit toujours au moyen d'images. Quand on observe le regard se diriger latéralement à droite, cela veut dire que la personne se souvient de sons[42] [...] » La PNL ne prétend pas simplement décoder les attitudes stratégiques de l'autre, elle regorge de conseils pour aider à prendre de l'ascendant sur lui. Dans sa terminologie, elle parle de « rapport » pour caractériser l'habileté qui consiste à se caler sur les postures d'autrui, à imiter le débit et la tonalité de sa voix. Dans sa terminologie ésotérique, lorsque l'un des protagonistes de la conversation change de posture ou de rythme vocal et que l'autre suit, la PNL utilise le verbe « conduire[43] ».

On comprend que l'état de « complet bien-être » vers lequel les coachs promettent de nous acheminer via l'assimilation des techniques de la PNL suppose un rapport avec autrui totalement vidé de sa spontanéité affective. La passion, l'amour, les sentiments doivent coexister avec les techniques de persuasion et de manipulation : « S'il est exact que les affinités existent entre les personnes, il n'en demeure pas moins qu'il est possible de créer un bon contact avec les techniques de rapport. On peut définir le rapport comme un climat de confiance entre les interlocuteurs, ce climat n'implique pourtant pas de notion affective, et vous n'êtes pas obligé d'aimer quelqu'un pour bien communiquer avec cette personne[44]. » Que l'autre nous soit sympathique ne nous dispense pas de faire l'effort de « calibrer » son « comportement verbal et non verbal ». Et s'il n'inspire pas la tendresse, à plus forte raison faut-il subtilement infléchir son comportement dans le sens d'une plus grande amabilité. Parfois, la technique est si simple qu'il ne nous vient pas à l'esprit d'y songer. Comme cette déléguée médicale qui ne comprenait pas pourquoi un médecin auquel elle avait coutume de rendre visite restait distant. Grâce à son coach, elle a fini par saisir qu'il suffisait de « ne pas déployer les documentations sur le bureau de la personne[45] ». En décidant pour une fois de ne rien déposer sur le bureau du médecin auquel elle était venue rendre visite, elle a respecté le seuil de distance spatiale nécessaire à ce dernier pour être à l'aise, loquace et souriant. Souriez, vous êtes coachés !

Notons que pour qui veut « réussir » ses relations avec les autres, rien ne doit être livré au hasard. Il n'est pas jusqu'au rythme de la respiration que la PNL ne recommande de savamment maîtriser. Il faut respirer au même rythme que son interlocuteur pour mieux entrer en empathie avec son monde. Cette technique permet aussi d'ajuster le rythme de sa parole sur le sien, ce qui le met dans une position de sage soumission d'autant plus subtile qu'il ne peut pas s'en rendre compte (« Nos partenaires n'ont pratiquement aucune chance de découvrir que nous nous accordons à leur voix si nous le faisons avec suffisamment de discrétion[46] »).

Où l'on voit que les techniques relationnelles promues par le coaching nous aident à mieux comprendre le sens de ce que nous enseigne Heidegger lorsqu'il nous dit que ce ne sont pas les objets techniques qui nous entourent qui constituent un danger. Le danger de la technique, il est dans notre manière de nous rapporter au monde et aux autres sur le mode de la « convocation », de la « mise en demeure », comme si tout était technique et affaire de techniques. Le danger éthique est dans l'invisible altération de notre perception de l'autre, dans sa neutralisation par des techniques de communication et de persuasion destinées à « potentialiser » ses ressources psycho-bio-cognitives. Comme on peut le lire dans la conclusion du dernier avis du Comité consultatif national d'éthique, à propos de l'informatisation des prescriptions et des dossiers médicaux qui gagne l'univers hospitalier, « le danger – si danger il y a – de l'extension du dispositif technologique dans l'univers hospitalier n'est pas dans les objets techniques eux-mêmes. Il est peut-être davantage dans la disposition d'esprit que les prouesses technologiques peuvent véhiculer ; dans ce sentiment insidieusement réconfortant que tout est programmable et manipulable à merci. Au-delà du problème spécifique de l'informatisation de la prescription, la vigilance doit être de mise afin d'éviter que tout se mette à "fonctionner", pas seulement les machines mais également les esprits[47] ».

Le coaching comme falsification du rapport éthique avec autrui

L'éthique ne consiste pas à convoquer l'autre pour mobiliser ses énergies et se donner satisfaction, mais plutôt, comme nous l'a appris Lévinas, à se sentir convoqué par l'autre, mis en demeure de lui répondre. Ce philosophe décrit une expérience éthique de la responsabilité qui nous place aux antipodes du rapport stratégico-manipulatoire auquel le coach initie le coaché. Tandis qu'aux yeux des tenants de la psychologie comportementaliste, « les difficultés psychologiques se manifestent de façon typique par la sensation d'absence de choix[48] », selon Lévinas, l'expérience éthique de la responsabilité est tout sauf une expérience de la liberté. Bien sûr, on a coutume de dire qu'il faut être libre pour être responsable. Pourtant, à la réflexion, il semble que nous fassions l'expérience la plus pure de la responsabilité lorsque nous sentons que nous n'avons pas le choix. Dans une authentique expérience de la responsabilité, je suis exposé, attaché pieds et poings liés à l'autre, en tant qu'il me met en demeure de répondre de sa présence. Quand je décide, je ne « prends » pas mes responsabilités, je suis dessaisi de mon pouvoir d'initiative propre, sommé de répondre devant autrui, par le geste ou la parole. Avant qu'il advienne dans mon champ de représentation je me sentais libre. Désormais, présent sous ses yeux, je me sens destitué de ma souveraineté. C'est pourquoi Lévinas conçoit l'expérience éthique comme le « virement de la liberté [...] en responsabilité[49] » et caractérise la responsabilité pour autrui comme « responsabilité d'otage[50] ».

L'expérience de la responsabilité est l'expérience d'une convocation de soi par l'autre, d'une assignation à responsabilité qui ne va pas sans scrupule. La tonalité affective qui accompagne la responsabilité est celle de l'inquiétude, au sens où je ne suis plus dans la quiétude, dans un état de complet bien-être. Lévinas écrit que lorsque celui qui souffre se tourne vers moi, « je perds ma place au soleil ». Être responsable c'est *se sentir* responsable et ce sentir est en son fond angoisse. L'angoisse qui caractérise le sentiment authentique de la responsabilité se traduit par l'inconfort d'un « dérangement absolu[51] ». C'est cet inconfort intime qui explique la tentation de neutraliser la perception de l'autre au moyen de techniques du style PNL ou d'intercaler un ordinateur entre soi et l'autre, comme il en va dans certains cabinets médicaux : « Le constat n'est pas rare : parce qu'il "triangularise" la relation, la présence d'un ordinateur dans un espace d'interlocution tend à empêcher une forme directe de discussion. Le regard du sujet assis derrière son écran est capté, comme si la lumière artificielle l'attirait à lui. En consultation, il arrive que le médecin soit comme happé par son écran, en sorte qu'il regarde davantage en direction de l'ordinateur que du côté de son patient[52]. » Dès que le regard du patient se pose sur lui, le soignant ne peut plus dégager sa responsabilité. Il est engagé malgré lui par le visage qui surgit en face de lui.

La responsabilité éthique est de tous les instants, embusquée en chaque parole prononcée, car chaque parole décide du contenu de celle qui lui succédera au cours de la discussion. Je n'ai pas le choix : je ne peux que répondre à l'appel de l'autre et c'est en ce sens que l'expérience éthique de la responsabilité est une expérience de la convocation subjective. Si l'autre me réclame, je dois tout laisser là en l'état et, toutes affaires cessantes, répondre en disant : « Me voici ! » Si je dis : « Attendez, ça va passer, calmez-vous un peu ! », « Pas maintenant, je viendrai tout à l'heure ! », ou encore, sur le mode de la culpabilisation : « Vous n'êtes pas tout seul dans le service ! », je demeure enfermé dans une stratégie de protection ou une relation de maîtrise.

La responsabilité est un terme qui ne veut pas simplement dire, comme on a coutume de le rappeler, « répondre ». Cette dimension existe, assurément. Mais *spondeo* veut dire « je promets ». La réponse, dans la responsabilité, ce n'est pas une réponse à une question, c'est une réponse à une *promesse* : je promets, quoi qu'il arrive, que je ne t'abandonnerai pas. Et si le visage d'autrui peut être appelé le « divin dans l'homme », c'est parce que dans sa mendicité et sa nudité, il s'expose comme un « je suis là » qui réclame justice. Ce que Lévinas nomme l'« obligation pour autrui » est inconditionnel, aux antipodes d'un marchandage fondé sur le donnant-donnant de la négociation contractuelle (« Si tu respectes mes droits, alors je respecterai les tiens »). L'obligation pour autrui ne découle pas d'un engagement qui aurait été pris après réflexion. Le moindre regard, la moindre parole échangée ont déjà à voir avec l'éthique.

L'expérience de la responsabilité est aussi celle d'une solitude car personne ne peut prendre ma place. Solitude devant la perspective d'échouer avec celui qui nous appelle à prendre soin de lui. En effet, les gestes que nous devons effectuer ou les paroles que nous sommes mis en demeure de prononcer sous son regard constituent autant d'éventualités d'échec dans la communication, d'erreurs d'appréciation, de bévues, de maladresses verbales ou gestuelles. Cela vient de ce que, face au visage qui se livre sous nos yeux, nous ne pouvons pas rester sans rien faire. Nous devons nous décider à parler et à exprimer des réactions d'humanité. Or, ces manifestations risquent toujours de n'être pas à la hauteur de l'impératif de justice auquel nous convoque le visage d'autrui. Nous demeurons toujours exposés au risque d'en faire trop, de nous emporter parce qu'une conversation précédente nous a placés dans de mauvaises dispositions psychologiques, parce que son propos trop laconique n'offrira aucune prise à la forme que nous aurions voulu lui donner, que nous aurons adopté un ton déplaisant à son égard du fait de la parole malheureuse qu'il nous aura adressée, oubliant que, plongés dans sa situation, nous ne serions pas plus que lui d'humeur joviale.

Les coachs et autres experts en état de « complet bien-être » veulent nous faire croire que parler sous le regard de l'autre, dans un état de sérénité décontractée (éventuellement, d'ailleurs, pour lui annoncer son licenciement), est l'attitude « normale ». Le fait de se sentir emprunté, timoré, embarrassé serait un résidu vaguement névrotique d'on ne sait quelle timidité issue d'une mauvaise éducation cognitive. Or, le fait de parler sans retenue, sans se sentir en difficulté, sans éprouver un fond d'angoisse à l'idée que nos propos seront peut-être maladroits ou inadaptés au contexte existentiel de l'autre, atteste plutôt d'une absence totale de sentiment de responsabilité. Rien n'est pire que le rapport à autrui qui n'est pas travaillé par le souci de lui laisser la parole, de se laisser affecter par elle, sans chercher à le dévisager. L'expérience éthique de la responsabilité commence dans la manière de regarder autrui ou plutôt dans celle de ne pas le regarder, si on admet que « le regard est connaissance, perception [53] ». En effet, « lorsque vous voyez un nez, un menton, et que vous pouvez les décrire, c'est que vous vous tournez vers autrui comme vers un objet. La meilleure manière de rencontrer autrui, c'est de ne pas même regarder la couleur de ses yeux[54] ! » La distance que l'on prend avec l'autre pour se mettre en position d'observation est un abord cognitif qui peut offrir à un psychologue comportementaliste des matériaux précieux pour l'analyse, mais qui n'est pas d'essence éthique. De même, la parole adressée à autrui dans le but de tester ses réactions n'appartient pas au registre de l'éthique parce qu'elle est portée par une visée pragmatique sinon manipulatrice.

Le mythe de l'individu-roi

Le rapport avec autrui est éthique lorsque je ne présume rien relativement à l'essence de son désir. Veut-il le bien-être ? Veut-il potentialiser ses ressources ? Veut-il gérer au mieux ses émotions et affiner ses outils perceptifs ? L'autre n'est accepté en tant qu'autre qu'à partir du moment où j'admets qu'il demeure à tout jamais inconnaissable et même incompréhensible. L'altérité se respecte, elle ne se décode pas. Le problème est que le coaching reflète une idéologie qui apprend aux individus ce qu'ils sont sans qu'ils en aient une conscience explicite. Notre époque enseigne que l'homme, de toute éternité, veut un état de complet bien-être qu'il trouvera, par le biais d'un autocontrôle permanent, dans l'accomplissement de ses dispositions à la performance et à l'excellence. Ses penchants et ses tentations ne correspondent pas à sa volonté la plus profonde qui est d'être rationnel, autonome et responsable (en exerçant des responsabilités au sein d'une grande entreprise).

Dans le roman *L'homme qui voulait être coupable* d'Henri Stangerup[55], des dispositifs sociaux sont mis en place afin de prévenir les troubles du comportement tels que l'agressivité, la délinquance et la culpabilité. Parmi eux, un institut national de rationalisation du langage s'entend à expurger la langue de son agressivité en transformant tous les mots et expressions à connotation négative en formules positives. On dira par exemple « salaire de sécurité » à la place de « retenue fiscale ». La langue est ainsi réduite à une vaste nomenclature technique.

On peut se demander si les pratiques du coaching ne participent pas de cette barbarie du langage qui conduit à énoncer des banalités du sens commun avec la plus grande assurance « scientifique ». C'est ainsi qu'une impression d'un coach va s'appeler un *feed-back*, le dialogue intensif devant une caméra le *media training*, les difficultés personnelles des « dysfonctionnements structurels », la tristesse un « état négatif »... Sans oublier la récurrence de vocables d'origine anglo-saxonne : scientifiques et religieux, les coachs n'en sont pas moins inspirés par des philosophies nord-américaines *up today*, qui ont pour elles l'avantage de n'être pas trop difficiles à retenir. Il faut juste connaître un peu la langue de Shakespeare, comme l'indique cette maxime philosophique de haute volée : « Toute activité humaine peut être réduite à la séquence : input-process-output[56]. »

On retrouve le même type de naïveté arrogante chez certains théoriciens des thérapies cognitivo-comportementales qui se placent à l'ombre des sciences cognitives, des modèles informatiques et des neurosciences pour déverser des platitudes encore plus désespérantes que celles que nous échangeons avec notre voisin de métro : « L'être humain n'étant pas toujours rationnel, dans la vie de tous les jours, chacun peut avoir un comportement à risque qui entraînera un scénario catastrophe[57]. » Il faut donc être rationnel et raisonnable, bien se comporter sans se faire remarquer si on veut arriver à faire quelque chose de sa vie. À l'aune de ce conformisme de bon aloi, on peut juger sans grande chance de se tromper que « les scénarios de vie des joueurs pathologiques sont idiots[58] ». On peut aller plus loin encore dans l'insignifiance en considérant que les « scénarios tragiques » des grandes œuvres littéraires procèdent des « scénarios idiots » issus de la pathologie humaine diagnostiquée par la psychiatrie « scientifique » mâtinée de sciences cognitives et de neurobiologie. On comprend que les thérapies brèves comme les TCC soient facilement « solubles » dans les pratiques de coaching.

Le coaching comme nouvelle manière de concevoir le lien social dans une culture néolibérale constitue davantage qu'une relation d'aide psychologique. Comme *bonne manière de vivre* en société (en particulier dans l'entreprise, mais en général dans la vie de nos sociétés occidentales), il constitue le signe annonciateur d'une nouvelle forme de normalisation sociale. En d'autres termes, le coaching consacre le passage d'une civilisation disciplinaire à une civilisation autonormée, un conditionnement sécuritaire des individus à de nouvelles bonnes manières d'être et de vivre en société. Il nie toute possibilité de s'accomplir ailleurs que dans les relations interactives de la vie professionnelle, abolissant toute différence entre conscience de soi et conscience managériale. Dès 1969, Horkheimer et Adorno décrivaient les signes avant-coureurs d'une société où l'individu, tel notre patient aujourd'hui coaché pour sa maladie chronique, serait placé en situation d'observance professionnelle, c'est-à-dire d'« adhésion maximale » à ce que l'on attend de lui. Le procédé consiste à répandre une « atmosphère amicale entretenue suivant les conseils d'experts du management et adoptée par chaque usine en vue d'augmenter la production », plaçant « ce qui subsiste de sentiments privés sous le contrôle de la société[59] ». La stratégie ici pressentie ne diffère pas du coaching : « Resserrer les relations des hommes avec la production, en leur redonnant un caractère privé[60]. » Il faut faire admettre aux individus que le meilleur moyen de réussir leur vie est d'assurer la réussite de leur entreprise : l'intimité de la vie privée, l'aspiration individuelle et subjective à introduire du sens dans l'existence basculent dans les objectifs publics et industriels à titre d'ingrédients qui accroîtront la productivité. Nos nouveaux directeurs de conscience ne disent pas autre chose : « Le coaching est une méthode très efficace pour découvrir les vraies valeurs et les aligner avec la culture de l'entreprise afin d'en optimiser les performances[61]. »

Ce nihilisme est d'emblée assumé, comme en témoigne la tranquille assurance avec laquelle les auteurs d'un « Que sais-je ? » sur le coaching entament leur propos : « Les sociétés occidentales sont confrontées à une crise du sens devant l'affaiblissement des repères traditionnels représentés par les systèmes confessionnels, familiaux, idéologiques. Devant cette difficulté existentielle, le travail s'arroge une place essentielle, voire centrale dans la définition identitaire de l'individu. La carrière peut ainsi devenir l'élément organisateur de la vie et un élément fondateur de sa finalité à travers la recherche de l'excellence et de la performance[62]. » Manière de dire que nous n'avons plus guère que le travail pour nous accomplir dans un monde déserté par les valeurs humaines de l'entraide et de la justice. Manière aussi de justifier les prix fixés par les coachs... Car si c'est la finalité de ma vie qui est en jeu dans mon engagement professionnel, s'il ne me reste plus que l'entreprise pour surmonter mes « difficultés existentielles », alors le coaching est aussi important pour mon âme que le médecin l'est pour mon corps.

On comprend comment les modes d'accompagnement psychique que le coaching diffuse actuellement dans le champ social parviennent à produire une adhésion sans réserve. Par un étrange mécanisme d'autocontrainte, le coaching fait apparaître au sujet une manière d'agir comme *sa* propre initiative, dans l'intérêt de *sa* santé personnelle, en vue de réaliser le sens de *sa* vie, de sauvegarder *sa* dignité sociale et d'affirmer *sa* liberté. « Le coaching vous est proposé sans que vous en ayez fait la demande ? Votre entreprise vous incite à vous faire accompagner ? Prenez-le comme une bonne nouvelle [63]. » Gageons que le clin d'œil et le sourire complice du coach aideront le client à trouver cette nouvelle aussi bonne pour lui que pour la bonne rentabilité de sa société de coaching...

En résumé, le coaching participe d'une manière d'inculquer des habitudes de persuasion et de stratégie manipulatrices, un conditionnement à des modes de relation « neurolinguistiques » qui, en se généralisant, irradie de la couche sociale des managers et des dirigeants vers des couches sociales plus humbles auxquelles on va présenter ce produit comme le nec plus ultra de la liberté individuelle et du choix démocratique. Les élites des couches supérieures dirigeantes donnent une leçon d'humilité à tous en avouant qu'elles-mêmes ressentent le besoin d'un soutien psychologique. Si même ceux qui dirigent s'attirent les services d'un coach, a fortiori les autres ont-ils besoin d'être épaulés.

La « psychologisation » des problèmes sociaux ne date pas d'hier et l'idéologie psychanalytique y a apporté sa quote-part[64]. Mais, à présent, le coaching se révèle davantage « soluble » dans la rationalité néolibérale dont il provient. À quand le coaching de ses propres enfants, de sa famille et de ses amis ? Le coaching est bien le nom de ce qui manque dans le lien social. Il est l'aveu de ce qu'il y avait de mythique dans l'affirmation de l'individu-roi. La psychologie des nouveaux directeurs de conscience ne connaît que des électrons libres qui évaluent leurs expériences existentielles dans le langage gestionnaire des pertes et profits.

Comme le remarquait Foucault, il y a là un « gommage anthropologique » des individus au profit d'une psychologie et d'une technologie environnementales qui envisagent toutes les conduites humaines comme des comportements économiques afin de mieux contrôler leur pertinence utilitaire. On ne corrige plus les écarts de conduite au nom de la sagesse, de la vertu, de Dieu ou du devoir national, mais au nom d'une plus grande rentabilité économique des comportements. L'*anormal*, c'est celui qui ne sait pas faire converger son intérêt économique avec celui des autres et dont l'autocontrôle laisse à désirer puisqu'il n'a pas su trouver l'art de se gouverner lui-même en tenant compte des variables de son milieu. En somme, c'est un *mauvais calculateur* auquel il faudra apprendre de nouvelles stratégies de calcul pour mieux tirer profit de son capital cognitif, émotionnel et social. Mieux encore, il faudra lui apprendre à fabriquer un logiciel économico-psychologique qui corrige automatiquement ses écarts de conduite en lui adressant les signaux d'alerte pour son autoressaisissement.

Si nous ne résistons pas à cette culture qui *fait masse sans faire lien*, nous accomplirons la prophétie d'un Lévi-Strauss, écrivant il y a plus d'un demi-siècle dans *Tristes Tropiques* : « « L'humanité s'installe dans la monoculture ; elle s'apprête à produire la civilisation en masse, comme la betterave. Son ordinaire ne comportera plus que ce plat[65]. » Il ne serait peut-être pas superflu, avant de nous précipiter dans les bras des coachs, d'interroger le rôle des soignants, des psychologues et des travailleurs sociaux, et de créer des espaces de réflexion où les aspects éthiques des pratiques (qui peuvent engendrer un malaise parfaitement légitime) sont envisagés entre tous les membres des réseaux concernés. Cela se nomme un collectif, au sein duquel l'action et la parole sont étroitement apparentées comme révélation du singulier.

La croissance individuelle soluble dans la croissance économique

Le coach sait probablement ce qu'est la sagesse puisqu'il la vend sur la place publique. Hannah Arendt, dans *La Condition de l'homme moderne*, avait noté le ridicule qui s'attache à la prétention d'être sage et bon : « L'amour de la sagesse et l'amour de la bonté consistant à philosopher et à faire le bien ont ceci de commun qu'ils s'annulent, pour ainsi dire, lorsqu'on admet qu'il est possible d'être sage ou d'être bon. » La philosophie est amour de la sagesse, non pas sa possession (à supposer que l'on puisse définir ce que c'est qu'être sage). Le terme de « sagesse » résonne aujourd'hui d'une façon tellement conformiste qu'on peut se demander si la philosophie peut encore rester fidèle à son étymologie.

Posons-nous toutefois la question : le coach, qui prétend dispenser des leçons de sagesse dans une relation d'aide personnalisée, est-il donc cet être parfaitement accompli qu'il brandit à titre d'idéal aux yeux de ses clients ? Serait-il lui-même un sage prêt à transmettre les trésors de sa sagesse à qui veut bien le rémunérer ? Supposons gracieusement que le personnage-coach incarne dans sa vie cet homme épanoui et détendu qu'il propose à ses clients de devenir. Qui peut le plus peut le moins : s'il prétend « faire être » ses contemporains, c'est que lui-même est allé loin dans la maximisation de ses potentialités ontologiques. Ne serait-il pas imposteur en proposant de l'autonomie et du bien-être sans faire lui-même au quotidien l'expérience de ces vénérables valeurs ?

Mais peut-on aller beaucoup plus en avant dans les concessions et les présupposés ? Le coach prétend s'intéresser au développement personnel non moins qu'aux compétences et à la rentabilité de l'entreprise qui s'attache ses services. La réalisation de ce lifting ontologique se heurte toutefois aux nécessités de donner satisfaction à l'employeur qui le rétribue à prix d'or. Le tarif d'une séance de coaching se situe dans une fourchette de 230 à 450 euros de l'heure, avec série de séances programmées à l'avance[66]. Et c'est même une estimation à revoir à la hausse, car les prix les plus récents font maintenant état d'un tarif moyen de 500 euros de l'heure. D'après la Société française de coaching, « il est impossible de travailler sérieusement à moins de 250 euros de l'heure[67] ». À ce tarif, il est préférable que le prétendu « développement personnel » coïncide avec l'accroissement de la rentabilité de l'entreprise...

L'escroquerie intellectuelle est patente lorsque des formules reprises de Nietzsche, en particulier « Deviens ce que tu es », qu'il emprunta lui-même à Pindare, sont utilisées dans un contexte de domestication de l'individu par une « morale du troupeau » que le philosophe allemand n'a eu de cesse de fustiger. Le coach personnifie l'idéal du « dernier homme », qui est de transformer la société en un gigantesque poulailler libre : « Si on attend de la poule qu'elle produise de magnifiques œufs d'or, il sera très important que l'on s'occupe d'elle avant de s'occuper de ses œufs[68] », peut-on lire dans un article de *Revue de management et conjoncture sociale.* Figure emblématique de cet individualisme conquérant et aventurier qui scanda l'activité littéraire et artistique du XXe siècle, Nietzsche est on ne peut plus éloigné de cette quête du bien-être et de la réussite socio-économique où le coach a placé le summum de l'existence. Le portrait de Zarathoustra, dans le célèbre poème philosophique qui narre sa rencontre avec le peuple sur la place publique[69], est celui d'un homme qui aspire à la magnanimité et non au bien-être. Donner à sa vie un style et une authenticité passe par une désolidarisation totale vis-à-vis des objectifs marchands. Le bonheur est un « marécage » où croupissent ceux qui masquent, sous le vénérable prétexte de l'« amour du prochain », la fuite de leur propre vacuité. L'abrutissement des esprits dans la course effrénée à la performance n'est qu'une impossibilité à se supporter soi-même. L'absorption de soi dans un labeur fastidieux et harassant est la réponse la plus grégaire au vertige que suscite le sens du tragique de l'existence.

Mais gageons que Zarathoustra sera bientôt converti en modèle de coach et en dispensateur de techniques de manipulation ! À l'âge de la technique, il n'est aucune figure mythique ou spirituelle qui ne puisse apparaître tôt ou tard comme un gisement de ressources à mobiliser et à s'approprier pour augmenter sa croissance ontologique. De quoi témoigne l'actuelle reconversion de Jésus en coach, sur fond d'une reconversion de la Bible en manuel de management[70]. Certes, à première vue, ce traitement du spirituel en matériau de ressource psychique a de quoi déconcerter : « Quand j'ai entendu que l'on assimilait Jésus à un coach, j'avoue avoir d'abord été choqué. Puis j'ai découvert que les paroles du Christ pouvaient m'aider à réfléchir sur mon avenir professionnel[71]. » Un aperçu : l'utilisation de la sentence du Christ

« Si le grain ne meurt, il ne peut porter des fruits » pour aider à changer ses habitudes et devenir plus flexible. Les exemples sont nombreux qui montrent que Jésus avait prophétisé l'avènement de la société de la mobilité permanente et de l'adaptation flexible aux nouvelles exigences du marché : « Une parabole comme celle sur le vin nouveau et les vieilles outres peut ouvrir les yeux sur les pratiques anciennes que l'on doit laisser tomber pour favoriser une nouvelle orientation de sa carrière[72]. »

Où l'on voit que la croissance spirituelle est soluble dans la croissance économique. On est alors en droit de se demander si le développement personnel que promeut le coaching ne sera pas plus sûrement accompli par la culture, les arts et les lettres, où le sujet peut apprendre à penser son expérience de la vie autrement qu'à travers le prisme déformant du management. Tel qu'il est conçu dans la perspective managériale du coaching, l'objectif de « développement personnel » ne peut se réaliser que sur fond d'une anthropologie de servitude qui rabaisse l'homme à une micro-entreprise ne connaissant d'autres besoins que la « gestion de ses ressources », la « compétitivité », la « performance » ou l'« adaptation au changement ». La maximisation des potentialités des individus creuse le vide d'une intériorité exsangue qui ne parvient plus à penser sa vie qu'en termes de valeur ajoutée, de plus-value, de calcul d'intérêts, de pertes et de profits, le tout sur fond d'une aliénation radicale du rapport avec l'autre par l'obsession de la « stratégie gagnante » (« bâtir son capital réputation »).

C'est peu dire qu'avec l'avènement de ce nouvel homme unidimensionnel, animal calculateur obsédé par sa rentabilité comportementale, nous sommes aux antipodes de la pratique du « souci de soi » telle que la tradition de la philosophie occidentale l'a conçue. À cet égard, la transposition dans le milieu professionnel de la référence récurrente à la maxime « Connais-toi toi-même » que Socrate avait faite sienne est un pur non-sens. Le milieu de l'entreprise est réfractaire à ce qu'il y a de plus précieux en soi selon le maître de Platon, à savoir l'esprit critique. Le soi dont il est question dans le précepte grec n'était pas le soi introspectif et étriqué de cette pseudo-psychologie des profondeurs. C'est le soi de l'intelligence critique en l'exercice de laquelle consiste la citoyenneté. On ne sera pas surpris, en parcourant la littérature des coachs, de n'y trouver nulle référence à la nécessité de faire usage d'un quelconque esprit critique.

L'attachement que Socrate exprime à l'égard de sa cité, au point de préférer boire la ciguë que d'aller vivre sous d'autres cieux (il est vrai à l'âge de soixante-dix ans), nous montre qu'il ne faut pas entendre la formule comme un appel au repli sur soi, à la quête d'un soi intime, comme on aurait tendance à le comprendre dans notre modernité psychologique qui clame : « Sois à l'écoute de toi-même, de ton corps, de tes désirs, de tes sensations. » Se connaître soi-même pour Socrate, c'est se comprendre comme une partie dans un tout, l'homme étant élément du cosmos et membre d'une cité conçue comme un microcosme. La connaissance de soi n'a donc rien d'une clôture sur soi. Elle procède d'un « souci de soi » qui fait du changement ontologique (de l'être) la condition du savoir, et non l'inverse comme dans la Modernité.

Mais si Socrate est resté toute sa vie à Athènes, et a préféré la mort à l'exil au moment de sa condamnation pour « corruption de la jeunesse », on peut estimer qu'il n'est pas un modèle fort pertinent pour nous autres, modernes, appelés sans cesse à nous adapter aux exigences de mobilité et de flexibilité dans l'espace de la production et de la consommation. Socrate n'a même pas été capable, lui, le maître du maniement du langage, de produire une plaidoirie suffisamment puissante pour gagner son procès. Incapable de se défendre de façon convaincante, il peut être dit homme sans vertu (*anandros*) du point de vue de l'éthique héroïque qui ne célèbre que les vainqueurs. Or, les techniques de persuasion existaient à cette époque – par exemple, faire venir à la barre des témoins de moralité, ou ses enfants, pour qu'ils pleurent et attendrissent le jury. Le pire est qu'à en croire son disciple Platon, Socrate connaissait ces techniques de manipulation de la sensibilité : « Mais peut-être se trouvera-t-il quelqu'un parmi vous qui s'indignera, en se souvenant que lui-même, ayant à soutenir un procès [...], a fait monter au tribunal ses petits enfants [...] et, avec ses enfants, beaucoup de parents et d'amis, tandis que moi, je ne veux naturellement rien faire de tout cela[73]... » On imagine qu'un coach aurait proposé à Socrate de le soutenir dans son épreuve en l'aidant à gérer son stress avant d'entrer au tribunal. Qu'il lui aurait apporté les bonnes astuces pour gagner son procès en emportant la conviction du jury. Sans doute ce coach aurait préalablement réussi à lui faire accepter le changement (l'exil) qu'on lui imposait, à le convaincre de positiver et d'aller vivre dans une autre cité. C'est un fait incontestable : au regard de l'éthique *opportuniste* qui domine dans le monde actuel, Socrate n'est pas parvenu à s'adapter. Son éthique était une éthique du souci de soi, et non une éthique du management, entendons une éthique de l'adaptation au changement du monde.

La question philosophique de fond, à savoir si ce monde du changement permanent dans lequel nous évoluons a du sens, n'a pas à être posée. Comme le dit Baudrillard, l'idée de progrès a disparu mais le progrès, lui, continue[74]. Nous avons juste à nous faire croire que ce changement est bénéfique à tous, que nous nous rapprochons de l'objectif promis par les utilitaristes du XIXe siècle – « le plus grand bonheur du plus grand nombre possible[75] ». Les mutations internationales dont nous sommes les contemporains prennent corps dans une longue suite de changements d'époques qui constitue le sens de l'histoire.

La méthode du coaching : le « zapping » thérapeutique

Pour optimiser la qualité de sa communication avec son protégé, le coach se présente volontiers comme un « équipier ». Par le contraste qu'elle offre avec le style autoritaire du « décideur », l'éthique compassionnelle du coach lui communique une force publicitaire additionnelle non négligeable. Reste que le statut de cette proximité n'est pas toujours clairement apparent. « Le dirigeant-coach pousse aussi ses équipiers à sortir de leur zone de confort », peut-on lire dans la revue *Soins Cadres* citée précédemment[76]. Est-ce de l'homme tel qu'il est (avec ses failles et sa vulnérabilité) ou de l'homme tel qu'il pourrait être que le coach se sent proche ? L'homme tel qu'il est n'est qu'une transition vers le « champion » qui sommeille en lui[77]. Du reste, l'homme tel qu'il est est-il seulement un « homme » ? « J'ai rencontré beaucoup de "langoustes" dans les entreprises que j'ai eu à accompagner », déplore Vincent Lenhardt, le maître à penser du coaching français.

C'est dire que même si le coach n'a pas de consigne stricte à dispenser aux coachés, il se doit de les aiguiller gentiment vers la prise de conscience qu'ils sont « prisonniers de leurs routines et de leurs habitudes[78] ». En somme, il n'est plus question de normer les comportements mais d'apprendre aux individus à « consentir » à se normaliser librement. Normalisation douce et fraternelle il est vrai, attendu que le coach ne dispense explicitement ni conseil ni directive, mais se borne à aider celui qui est guidé à trouver en lui-même la solution à ses difficultés.

De ce point de vue, le recours au concept de « maïeutique socratique » pour caractériser cette manière qu'a le coach de faire accoucher son équipier des solutions qu'il porte en lui-même est passablement fallacieux, pour ne pas dire grotesque. La technique du coach n'est qu'une pâle caricature de l'art du questionnement que l'on a appelé l'ironie socratique. On doit se souvenir ici que dans un des dialogues platoniciens qui expose son art de la maïeutique, le *Ménon*, Socrate affirme qu'il ne sait même pas ce qu'est la vertu et qu'il serait bien en peine de l'enseigner d'une manière ou d'une autre[79]. Pour Socrate, l'objet de la maïeutique se situe dans le champ de l'éthique. Il ne s'agit pas de trouver des solutions à des difficultés ponctuelles d'adaptation environnementale, mais d'interroger le sens de la vertu et de ses déclinaisons (la justice, le courage, l'amour, etc.).

Mais la maïeutique est loin d'épuiser la palette bariolée des méthodes auxquelles le coach se réfère. Si l'on en croit la Société française de coaching, n'avoir qu'une seule technique d'éveil à sa disposition serait signe de rigidité, de dogmatisme[80]. Le coach doit être bardé de multiples méthodes d'approche, rompu aux diverses techniques d'influence et de persuasion qu'il a acquises à la faveur de stages d'été et autres séminaires de formation. Son exploration du vécu de l'individu (l'« écoute ») s'opère à l'aide de techniques relationnelles tirées de toute une panoplie de méthodes actuellement en vogue, méthodes plus ou moins fumeuses qui vont, selon l'association SFCoach, de la programmation neurolinguistique à l'analyse transactionnelle, en passant par la méthode dite « des thérapies brèves », l'analyse systémique, la thérapie cognitive et comportementale, la gestalt-thérapie, tout en piochant au passage quelques matériaux dans la psychanalyse. Le coach a accumulé un tel savoir qu'il ne sait même plus par où commencer lorsqu'il se présente : « Mon expérience de consultant accompagnateur du changement, de coach individuel et d'équipes, d'intervenant auprès de nombreux clubs patronaux, et par ailleurs de thérapeute et de didacticien[81]... »

Le coaching sportif et son destin

On rétorquera peut-être qu'il est tout de même un domaine où le conditionnement psychologique par les techniques du coaching est indispensable, celui de la compétition sportive. C'est là que le coaching est apparu et on imagine mal comment nos athlètes pourraient se passer de ses services. Nous pensons au contraire que, même cantonnée à sa sphère naturelle d'exercice, la pratique du coaching ne va pas sans poser de sérieuses questions éthiques. Le sport est en effet devenu une source de réels dangers sanitaires pour les plus jeunes, sur lesquels le Comité consultatif national d'éthique a justement attiré l'attention. La quête des performances (ou/et des records) comporterait trois types de dangers[82] :

– la mise en condition du corps et de l'esprit de leurs enfants par leurs parents ;

– l'apparition de symptômes dépressifs et de déséquilibres psychiques par impuissance à être à la hauteur de son modèle, inclinant au dopage jusque dans le sport amateur ;

– des effets sanitaires délétères sur la croissance et la puberté, des atteintes articulaires et osseuses.

L'ambiguïté du sport ne tient pas à ses conditions actuelles d'exercice : elle lui est consubstantielle. Dès son avènement au XIXe siècle, contemporain de l'essor de la société marchande, le sport a été une forme équivoque de discipline dont on trouve trace dans les écrits de l'un de ses principaux promoteurs : « Le plus grand service que le sport puisse rendre à la jeunesse, c'est d'empêcher chez elle le vagabondage de l'imagination et de la maintenir non dans l'ignorance mais dans l'indifférence à l'égard de ce qui menace d'éveiller en elle un sensualisme prématuré[83]. » Si cette rhétorique des vertus ascétiques du sport est difficilement audible pour nos esprits émancipés, il reste que les termes dans lesquels le coaching sportif évoque de nos jours la vie du compétiteur de haut niveau a parfois de quoi faire frémir : « Le cadre de la compétition exige une participation physique et psychologique *totale* de la part de l'athlète. [...] La performance est l'objectif à atteindre, l'extrême tant physique que psychique situé entre le maximum et l'excès[84]. » C'est pourquoi le coaching sportif ne saurait se limiter au « développement des ressources de l'athlète » ; il vise aussi l'« *exploitation totale* du potentiel de ce dernier[85] ». Cette éloquence aux accents étrangement totalitaires rend pour le moins problématique la valorisation de la figure du champion en tant que modèle de soi. Elle ne va pas sans faire naître quelques suspicions sur la capacité des coachs à transmettre à leurs protégés des moyens de se rendre plus rationnels, plus libres et responsables. De fait, rien n'est plus commun que le recours aux formes irrationnelles de soutien dans le milieu du sport. Les rituels de sécurisation auxquels recourent maints sportifs de haute compétition en disent long sur les limites du coaching. Un psychologue du sport fait observer à juste titre que « les pratiques qui relèvent de la superstition sont nombreuses, les objets fétiches, les comportements de conjuration du sort multiples. Alors que le sport représente pour l'homme un moyen de réduire son angoisse en s'assurant par la victoire que le destin lui est favorable, le sportif va chercher d'autres signes qui lui garantissent que le résultat sera propice[86] ».

Dans un article intitulé « Champions sous influence »,

Le Monde du 8 décembre 2004 évoquait le souci des sportifs de se préparer « mentalement » aux épreuves sportives et les tromperies, manipulations et abus de confiance accompagnant ce type de « soins » psychiques. Le dopage médicamenteux est bien connu et les scandales qu'il a déclenchés, par exemple dans le milieu du cyclisme, ont défrayé la chronique médiatique[87]. Qui n'a pas eu sa perfusion d'amphétamines ? D'hormones de croissance ? D'anabolisants ? De stéroïdes ? De corticoïdes ? Sans compter le « pot belge », cette amphétamine du pauvre dont parle Willy Voet. Ni les astuces et tricheries diverses auxquelles les sportifs de haut niveau se livrent pour échapper au dépistage des substances interdites : « Sous le bras une poire, fixé à la poire un tube qui courait sous la manche longue du maillot, fermé par un petit bouchon au niveau du poignet. Facile. Il s'agissait pour Pollentier d'envoyer vingt centilitres d'une autre urine que la sienne[88]. » Et Willy Voet de concéder : « J'ai appris que la tricherie pouvait devenir un mode de vie[89]. »

Tout est bon pour se surpasser, se transcender, quitte à détruire son organisme : injections intramusculaires de caféine, absorption de trinitrine, de Cortancyl, d'Hexocine, etc. La « culture de soi », à notre époque, passe par le désir de « s'éclater », littéralement de s'exploser. Et lorsque la dope chimique ne suffit plus, on s'adresse aux dealers du mental. Qui ignore la conduite contraphobique des élèves exigeant au moment des épreuves d'examen ou de concours la présence de telle ou telle personne apte à exorciser les angoisses et les inquiétudes de l'impétrant ? Qui n'a pas son « doudou », son « talisman », son « rituel » pour conjurer l'angoisse de l'épreuve, que celle-ci soit physique ou psychique ? Et qui n'a pas déjà constaté que ça marche... et ne s'est pas alors interrogé sur son aliénation ?

Les coachs sont les nouveaux « doudous » du monde de la compétition sportive. Et ce n'est pas donné. *Le Monde* évoque que la rémunération des coachs, « basée sur les résultats », peut atteindre 15 000 euros... pour un travail de « coaching à distance » pour la joueuse de tennis Virginie Razzano. Néanmoins, certaines affaires comme celle des relations tumultueuses entre la sprinteuse Christine Arron et sa « psychothérapeute énergéticienne » ont suscité l'intérêt des médias sur ces « préparations mentales ». Ainsi tel sportif qui exigeait la présence permanente de son coach à ses côtés, quitte à écarter son entraîneur sportif, s'est-il mis à lui reprocher ses échecs, à lui manifester son dépit et sa rancune. Les praticiens de la psychanalyse le savent : après la phase d'espoir de la passion amoureuse, le transfert vire au négatif, avec ses corrélats obligés de dépit et de haine. Et plus le patient se démunit, s'expose, se dépouille, se dénude, plus il se trouve hanté, possédé, agi par l'Autre qui le « possède », jusqu'à la persécution ou l'érotomanie[90].

La chose est connue. Mais qui se soucie de la formation

de ces coachs de sportifs qui peuvent en venir à associer la visualisation, la sophrologie, le yoga, les TCC et l'imagerie mentale ? *Le Monde* note le « malaise grandissant des coachés et des institutions sportives face au pouvoir, fictif ou réel, des préparateurs mentaux. L'absence de réglementation et la multiplicité des écoles de formation ajoutent à la confusion : aux approches cognitivo-comportementales allant du conditionnement-déconditionnement (du type "Il faut y croire, tu es le meilleur !") jusqu'à l'imagerie mentale en passant par la sophrologie, ou aux approches cliniques puisant principalement leur inspiration dans la psychanalyse, viennent en effet s'additionner des approches inclassables ».

Tandis que les pouvoirs publics se donnent pour objectif de sécuriser les psychothérapies en légiférant sur les conditions d'usage du titre de psychothérapeute[91], prolifère, sur l'humus de la médicalisation de l'existence, un bric-à-brac de techniques psychologiques hétéroclites susceptibles de « doper » mentalement les sportifs et les dirigeants. La caution d'un titre universitaire ne garantit en rien le sérieux de ces pratiques du soin psychique. Telle championne olympique s'est attaché les services d'un « ingénieur » revenu de Chine pratiquant la relaxation, la visualisation et autre stretching de l'âme... Telle autre les services d'un docteur en psychologie clinique... Telle autre consulte un « formateur en ressources humaines » qui, à distance, « donne des tuyaux » pour améliorer les performances... Bref, tout est bon ou presque pour soutenir un sujet en détresse dans une épreuve impitoyable qui l'exproprie de lui-même. L'article du *Monde* rapporte les propos du ministre des Sports Jean-François Lamour, qui trouvait la préparation mentale « accessoire » au temps où il était escrimeur et qui, mesurant la place qu'elle prend aujourd'hui dans les coulisses du sport, déclarait : « Un athlète de haut niveau est en état de déséquilibre perpétuel. Et les abus d'autorité sont incompatibles avec cet état et l'objectif de performance. C'est donc à l'entourage de maintenir l'athlète sur un rail vers l'objectif. » Mais, ne nous y trompons pas, l'entourage ce ne sont plus les amis, la famille, le village ou les communautés, ce sont les coachs grassement payés pour soutenir le moral des troupes. Ah, si G.W. Bush avait pensé à envoyer des coachs à Saddam Hussein, peut-être cela lui aurait-il évité d'avoir à envahir l'Irak et d'accroître son impopularité ? Mais, justement, G.W. Bush était-il lui-même suffisamment bien coaché ? Il semble que seul un bon coach aurait pu lui suggérer d'envoyer un régiment de coachs bienveillants pour pacifier le conflit avant qu'il ne s'obstine vainement à vendre de la démocratie néolibérale à qui n'en voulait pas. Un bon coach aurait évité à G.W. Bush l'ingrate épreuve de la lecture des œuvres de Montesquieu, ou d'un Benjamin Constant notant à propos de « toutes les choses humaines » qu'elles « sont à leur époque bonnes et utiles. Déplacées, elles sont toutes funestes[92] ». Serait-ce donc un « coach scolaire » qui a fait défaut à l'éducation politique de monsieur Bush ?

Conclusion

« Non aux nouveaux directeurs de conscience... »

> « La société est une société de désespérés, de ce fait, une proie facile pour le gangstérisme. »
>
> M. Horkheimer, T. Adorno,
> *La Dialectique de la raison.*

Une analyse critique du phénomène du coaching doit déboucher sur une attitude d'insubordination radicale. « Délivrons-nous des coachs ! » serait l'expression naturelle que nous inspire cette nouvelle potion idéologique aux senteurs opiacées. La présente contribution appelle à un sursaut d'orgueil collectif. Elle entend provoquer un vrai débat de société sur le sujet. Il y a bien des raisons de se montrer sans concession à l'égard du coaching. À commencer par cette sinistre anthropologie managériale qu'il véhicule derrière sa prétention à prendre appui sur une « psychologie humaniste ». La pratique du coaching est adossée à une interprétation rabougrie de l'homme, qui dissout son être dans une collection de comportements stéréotypés produits par un cerveau programmable et déprogrammable à volonté. En abolissant toute différence entre les épreuves de l'existence et les épreuves sportives, entre la quête du sens et celle de nouvelles parts de marché, le coaching met en danger la santé mentale des générations futures. Plus qu'une normalisation, il constitue une véritable aliénation des esprits. Comme entreprise spécialisée dans la vente de produits hautement toxiques, le coaching devrait pouvoir être interdit au nom de la santé publique. Dans cette civilisation médico-économique de l'humain, le coaching constitue une nouvelle forme de contrôle social des populations [1].

Il existe d'autres capacités en l'homme que celles qui sont projetées sur lui par le coaching en partant du modèle et des valeurs de l'entreprise. En particulier une capacité de révolte dont nous voulons croire qu'elle reste vivante même chez ceux qui se sentent intimidés par les chantres de cette lobotomisation compassionnelle des esprits. On ne doit pas perdre de vue que les mots ne sont pas seulement des moyens d'expression pour la pensée : nous pensons à travers les mots et c'est pourquoi, là où nous avons déjà accepté la terminologie du management (« gérer son stress », « optimiser son capital confiance », etc.), nous avons déjà accepté une certaine manière de penser. Rien n'est plus trompeur que le sentiment d'avoir une représentation neutre de la réalité, comme si les mots ne venaient qu'après coup pour dépeindre la situation qui tombe sous notre regard (par exemple, le simple fait que les Esquimaux aient dix mots pour décrire ce que nous appelons « la neige » devrait nous alerter sur la puissance informante du langage dans notre perception du monde extérieur...).

« L'homme, écrit Heidegger, se comporte comme s'il était le créateur et le maître du langage, alors que c'est celui-ci au contraire qui est et demeure son souverain[2]. » Le sentiment d'être souverain par rapport au langage le doit, entre autres, à l'expérience de chercher ses mots dans une conversation. Il nous semble alors que notre pensée précède le langage, qu'elle trie les mots que nous allons articuler en phrases. Mais nous oublions que lorsque nous cherchons nos mots, nous les cherchons avec d'autres mots. Le langage est la matrice et non l'outil de la pensée. La principale menace qui entraverait toute possibilité de désaliénation provient d'une acceptation sans réserve de nos habitudes linguistiques que l'idéologie tend à faire passer pour une condition universelle et transcendantale. Quand nous n'arrivons pas à trouver un autre terme que « gérer » ou « restructurer » pour qualifier nos expériences subjectives, nous expérimentons une forme d'enfermement de la langue dans la barbarie technocratique et technico-économique.

Cette aliénation atteint son stade ultime quand l'humain ne trouve plus dans la culture les moyens conceptuels pour déconstruire ce qui l'opprime et le conduit à consentir librement à sa propre servitude. Le langage est une réification dès qu'il ne comprend pas en son sein les éléments mêmes de sa déconstruction. À propos de la langue du IIIe Reich, Victor Klemperer écrit : « Le nazisme s'insinua dans la chair et le sang du grand nombre à travers des expressions isolées, des tournures, des formes syntaxiques qui s'imposaient et qui furent adoptées de façon mécanique et inconsciente. [...] Mais la langue ne se contente pas de poétiser et de penser à ma place, elle dirige aussi mes sentiments, elle régit tout mon être moral d'autant plus naturellement que je m'en remets inconsciemment à elle. Et qu'arrive-t-il si cette langue cultivée est constituée d'éléments toxiques ou si l'on en a fait le vecteur de substances toxiques ? Les mots peuvent être comme de minuscules doses d'arsenic : on les avale sans y prendre garde, ils semblent ne faire aucun effet, et voilà qu'après quelque temps l'effet toxique se fait sentir[3]. » Voilà comment chacun se trouve convoqué à croire qu'il joue son propre rôle, qu'il participe à des scénarios sociaux dont il se croit l'auteur alors qu'il n'en est que le figurant. Davantage que d'autres techniques psychologiques, les pratiques du coaching nous semblent favoriser cette aberration idéologique, en invoquant une fidélité à soi là même où le coaché ne fait que répondre à une incitation sociale au conformisme et à la résignation néolibérale.

Si nous gardons vive la conscience de tout ce que notre pensée doit au langage, la conscience que nos paroles quotidiennes révèlent les perceptions que nous nous faisons de nous-mêmes et du monde, alors nous prendrons la mesure des risques que nous courons en laissant une porte entrebâillée à la terminologie sportivo-managériale du coaching[4]. Indépendamment du sens ou du non-sens de son contenu, une phrase telle que « la création de valeur repose essentiellement sur le capital humain » sous-entend qu'il n'y a pas de différence à faire entre l'homme et une entreprise. Du reste, quand les formateurs de coachs parlent de « sécurité ontologique », dans leur esprit ce concept évoque aussi bien le besoin de l'individu que celui de la société qui l'emploie[5].

Parce qu'une langue n'est pas seulement un instrument de communication ni de verbalisation de nos maux, parce qu'elle est le lieu de la construction de notre subjectivité et de notre rapport avec les autres, nous ne pouvons pas nous inscrire dans le courant de la critique modérée que suscite régulièrement dans les magazines le raz-de-marée actuel du coaching. Le coaching est à prendre ou à laisser. Il n'y a pas un bon ou un mauvais usage de cette prothèse psycho-comportementale. Il est essentiel d'être lucide sur ce point : c'est une manière de définir l'homme qui est en jeu. Nous devons savoir si oui ou non nous acceptons de convertir le sens de nos expériences de la vie ou de celles de nos enfants dans le langage activiste de la performance, que ce soit celui du sport ou de l'entreprise. On ne soigne pas une gangrène avec de l'eau de Cologne. Refuser en bloc la propagande du coaching, c'est faire œuvre de salubrité publique.

Quel que soit son domaine d'application, le coaching

conçoit toujours l'homme comme une micro-entreprise autogérée ouverte à la performance et à la compétition. À ce titre, il est bien à l'image de la culture postlibérale à l'émergence de laquelle nous assistons. Quelle est en effet la bonne nouvelle qui galvanise les chantres de nos modernes pratiques de développement personnel ? Vous êtes une micro-entreprise et nous allons essayer d'optimiser votre taux de rentabilité comportementale en vous apprenant, par des exercices psychiques de préférence brefs et simplistes, à mieux vous ajuster aux exigences économiques de votre environnement, tout en vous promettant le maximum de profit personnel et de jouissance individuelle. En un mot, nous allons vous apprendre à consentir librement à ce qu'on attend de vous !

Pourquoi ces nouveaux directeurs de conscience (et de confiance) que sont les coachs se sont-ils imposés ? Parce que d'autres faisaient défaut sans doute, anciens, philosophes ou leaders politiques dignes de ce nom. Mais aussi parce que notre société a atteint une nouvelle étape dans le processus de *conformisation de nos existences*. Une conformisation qui n'est pas très éloignée d'une *psychiatrisation* généralisée du quotidien et de l'ordinaire, où le moindre de nos comportements relève d'une « observance thérapeutique » réglée, d'une part, sur la prise médicamenteuse des nouvelles molécules du marché et, d'autre part, sur la « transparence » d'un système de maintenance sociale qui dépiste et conjure les risques de déviance sociale en prônant des exercices psycho-rééducatifs des conduites. Cette psychiatrisation du quotidien supposait un démantèlement des catégories psychiatriques traditionnelles organisées autour de la névrose et de la folie. Les « troubles du comportement » ont remplacé les antiques figures de la psychopathologie. Ce que l'on perd en rigueur conceptuelle, on le gagne en flexibilité pragmatique. Ainsi s'ouvre un champ infini de thérapies molles (le contrôle social) pour des pathologies flexibles.

La scène sanitaire s'étend à l'infini. Elle peut couvrir toutes les conduites individuelles, incitant chacun d'entre nous à médicaliser son existence en plaçant son corps et son esprit sous surveillance continue. « Faites votre autocontrôle ! », « Pratiquez des tests biologiques ou comportementaux ! » : ces indicateurs de santé vous diront comment vous vous situez par rapport aux normes acceptables. Le pilotage sanitaire que chacun est appelé à exercer sur lui-même fait fond sur la révolution de l'épidémiologie et de la génétique qui détermine des facteurs de risque *individualisés*. Comme l'écrit Georges Vigarello, « c'est à épier ces facteurs de risque que s'oriente le régime de vie : adapter le comportement aux menaces individuelles et chiffrées [6] ». Mais cette civilisation médicale des mœurs – qui trouve dans la santé mentale et la prévention sociale son champ de prédilection – ne peut s'accomplir dans nos sociétés démocratiques qu'à l'aide d'un *mythe social*, d'un vernis idéologique : celui de l'individu consentant, éclairé et autonome.

C'est à cet individu néolibéralisé que les coachs ont

affaire ou, plus exactement, c'est lui qu'ils ont *à faire*. Un individu qu'ils doivent fabriquer non pas à partir de rien mais à partir de lui-même, de ses propres solutions, de ses ressources bio-psycho-sociales intérieures que la pratique du coaching ne fera que révéler à la lumière du jour par la grâce de quelque néomaïeutique. La condition de validité éthique de notre assujettissement au coaching, comme à toute forme d'accompagnement compassionnel et bienveillant, est que nous y consentions après en avoir été loyalement informés.

Nous avons eu l'occasion de montrer dans cet ouvrage combien, dans le champ de la santé, les coachs sont aidés par une situation de grand désarroi, où la relation thérapeutique se réduit à une prestation de services, où dominent le sentiment que la médecine des populations traite le patient en exemplaire de l'espèce nosologique ou thérapeutique[7], le sentiment aussi que la santé n'est plus qu'une marchandise comme une autre, que le vivant humain est sur le point de basculer à son tour dans la logique bureaucratique de la rationalisation du monde. Tandis que se lève le spectre d'une confiscation de notre patrimoine par les entreprises biogénétiques, où la traçabilité de nos existences cesse d'être un cauchemar pour devenir une réalité du quotidien, un marché très lucratif s'ouvre à l'accompagnement compassionnel et personnalisé du coaching dans l'univers de la santé.

Paradoxalement, l'affirmation de la liberté de l'individu semble s'intensifier à mesure qu'elle devient une réalité toujours plus improbable. À moins de considérer que l'extrême solitude des mourants est une liberté, que la désagrégation des liens familiaux est une liberté, que la précarité sociale et la flexibilité sont des libertés, que l'*Homo clausus* sans domicile fixe, sans emploi et sans famille est une modalité de l'autonomie comme une autre.

La question du coaching est inséparable de cette impasse culturelle où l'impératif d'être libre, conjugué à l'impuissance à l'être dans les faits, ouvre la brèche aux experts de l'âme humaine. Le coach est rempli de compassion pour ses semblables à qui on demande sans cesse d'être flexibles et performants, autonomes et modulables. Il est une main tendue pour celui qui a mis genou à terre. Il est prêt à l'aider à se relever (moyennant finances) pour réintégrer le monde qui l'environne, ce monde que mondialise le néolibéralisme en ruinant toutes les dichotomies traditionnelles qui séparaient l'âme et le corps, le privé et le public, l'entreprise et l'hôpital, le souci de soi et la réussite dans les affaires.

Le message positif et compassionnel que nous délivrent les coachs est qu'il ne faut pas être triste car la tristesse est un « état négatif ». Qu'importe, au fond, que nous ne vivions pas dans un monde idéal puisque nous avons en nous le « potentiel » pour idéaliser n'importe lequel des mondes dans lequel nous vivons ? Autant aimer le monde tel qu'il est puisque nous ne pouvons rien y changer. Qui accroît son esprit critique accroît aussi sa douleur. Or, pourquoi se faire du souci pour rien ? Le but de la vie n'est-il pas d'accéder à un état de « complet bien-être » ? Cet idéal n'est pas si loin qu'on le croit : il suffit de recalibrer nos comportements et de nous connecter sur un nouveau système de perception, ce qui est jouable moyennant une série de consultations échelonnées sur huit semaines.

Envisagée sous cet angle, la pratique du coaching constitue un des éléments essentiels d'un dispositif général de maintenance et de réhabilitation sociales. Il apporte sa caution idéologique à la pauvreté d'une anthropologie des richesses, une anthropologie étroitement économiste et bio-mécanique qui rend le monde dans lequel nous vivons (inégalités économiques et sociales comprises) absolument bon, naturel et nécessaire.

Notes

Introduction

1. La Société française de coaching (SFCoach) a été fondée en 1996 et son objet est circonscrit par le souci de « faire connaître et valoriser les spécificités du coaching auprès des entreprises » (http ://www.sfcoach.fr).

2. Angel P., Amar P., *Le Coaching*, PUF, 2005, p. 11.

3. Whitmore J., *Le Guide du coaching*, Maxima, 2005, p. 19.

4. *Ibid.*, p. 59.

5. Polot J.-F., *Les Échos*, n° 17876, 12 avril 1999, p. 66.

6. http ://www.sfcoach.fr.

1. Un nouvel opium du peuple ?

1. Guinochet F., Durieux J.-C., *Toutes les clés d'un bon coaching*, EFS Éditeur, 2006, p. 72.

2. *Ibid.*

3. Selon enquête « L'usine à coachs s'emballe », *L'Expansion*, avril 2006, p. 98.

4. Guinochet F., Durieux J.-C., *op. cit.*, p. 69.

5. Sordello J., *Coaching du sportif*, Amphora, 2004, p. 17-18.

6. *Ibid.*
7. Whitmore J., *op. cit.*, p. 14.
8. *Ibid.*, p. 11.
9. « L'usine à coachs s'emballe », art. cit., p. 98.
10. Angel P., Amar P., *op. cit.*, p. 94.
11. Lenhardt V., in *Revue de management et conjoncture sociale*, juin 2001.
12. *Ibid.*
13. http ://www.sfcoach.org/sfcoach/doc, « Les différents coachings ».
14. Guinochet F., Durieux J.-C., *op. cit.*, p. 25.
15. Whitmore J., *op. cit.*, p 144.
16. *Ibid.*, p. 52.
17. *Ibid.*, p 151.
18. *Ibid.*, p. 25.
19. Guinochet F., Durieux J.-C., *op. cit.*, p. 50.
20. *Ibid.*, p. 12.
21. Voir « Le coaching et le team building, une mode ou une tendance lourde ? » sur le site http ://www.jbs-coaching.com.
22. Whitmore J., *op. cit.*, p. 146.
23. *Ibid.* Nous soulignons.
24. « L'usine à coachs s'emballe », art. cit., p. 97.
25. Whitmore J., *op. cit.*, p. 52.
26. Guinochet F., Durieux J.-C., *op. cit.*, p. 22.
27. *Ibid.*
28. Delivré F., *Le Métier de coach*, éd. d'Organisation, 2004.
29. Angel P., Amar P., *op. cit.*, p. 70.
30. Lenhardt V., in *Revue de management et conjoncture sociale*, art. cit. Nous soulignons.
31. Voir http ://www.sfcoach.org.
32. Sordello J., *op. cit.*, p. 30.
33. Whitmore J., *op. cit.*, p. 151.

34. Lenhardt V., in *Revue de management et conjoncture sociale*, art. cit.

35. Constant B., *Principes de politique* (1806), préfacé par Tzvetan Todorov, Hachette littératures, 2006, p. 47.

36. Brunel V., *Les Managers de l'âme*, La Découverte, 2004, p. 10.

37. Voir Lepage M., *Demain le capitalisme*, Hachette littératures, 1978 et Foucault M., *Naissance de la biopolitique (1978-1979)*, Le Seuil-Gallimard, 2004.

38. Whitmore J., *op. cit.*, p 24.

39. Arendt H., *Condition de l'homme moderne*, Pocket, 2002.

40. Joule R.-V., Beauvois J.-L., *La Soumission librement consentie*, PUF, 1998.

41. Pour reprendre le titre d'un ouvrage de Vincent Lenhardt, éd. Insep, 1992.

42. Article 2.2 du code de déontologie de la SFCoach.

43. Angel P., Amar P., *op. cit.*, p. 18.

44. Guinochet F., Durieux J.-C., *op. cit.*, p. 55.

45. Whitmore J., *op. cit.*, p 10.

46. Code de déontologie, article 2.4 de la SFCoach.

47. http ://www.jbs-coaching.com/docs/article_0003.doc.

48. Sordello J., *op. cit.*, p. 11.

49. *Ibid.*

50. Jean-François Polot écrit : « Le coaching ne doit pas être une simple "béquille" apportée au dirigeant, mais fournir à celui-ci une technicité durable qui lui permettra de se muer lui-même en coach dans son entreprise » (*Les Échos*, n° 17876, 12 avril 1999).

51. Voir « La lettre d'expertconsultant.com », n° 3, 12 janvier 2001, lettre d'information éditée par la société http ://www.expertconsultant.com.

52. « Coaching : une aide non sans danger », *Le Monde de l'éducation*, février 2006, p. 56-57.

53. *Ibid.*

54. *Ibid.* Propos tenus par Jean-Philippe Riant, de l'Institut européen de coaching de l'étudiant.

55. Voir http ://www.sfcoach.org/sfcoach, juillet 2004 : « le coaching diffère de la psychothérapie ; le coaching s'attache à révéler les potentialités et les compétences de la personne et à lui permettre de s'en servir en fonction de ses propres objectifs. La psychothérapie a, quant à elle, pour objectif de rechercher le lien entre la situation actuelle et le passé d'une personne. »

2. Le management des âmes poussé jusqu'à l'absurde : le « coaching-santé »

1. Angel P., Amar P., *op. cit.*, p. 120.

2. Brunel V., *op. cit.*

3. Stenier B., *Soins Cadres*, n° 51, 2004.

4. Stenier B., *ibid.*, n° 52, 2004.

5. Elias N., 1982, *La Solitude des mourants*, Pocket, 2002.

6. *Ibid.*, p. 85-86.

7. Voir sur ce point Gori R., Del Volgo M.-J., *La Santé totalitaire. Essai sur la médicalisation de l'existence*, Denoël, 2005.

8. « Counseling et coaching », *Le Quotidien du médecin*, 2 juin 2005.

9. L'expression est de L. Porte, ancien président de l'ordre des médecins.

10. « Counseling et coaching », art. cit.

11. *Ibid.*

12. Vega X. de la, « Enquête sur le coaching », *Sciences humaines*, n° 165, 2005, p. 18-25.

13. Ghislaine Jacquard, citée par Vega X. de la, *ibid.*, p. 23.

14. Milner J.-C., *La Politique des choses*, Navarin, 2005 ; Miller J.-A., Milner J.-C., *Voulez-vous être évalué ?*, Grasset, 2004.

15. In *Services publics*, n° 20, 10 décembre 2004.

16. Le Coz P., Gorincour G., Tassy S., « Incivility in hospitals : health workers strike back », *The Lancet*, 366, 26 novembre 2005, p. 1848.

17. « Priorité à la baisse du nombre des agressions », *Le Quotidien du médecin*, 25 novembre 2005.

18. *La Lettre d'information mensuelle du personnel de l'AP-HP*, n° 37.

19. « Cancer : créons un coach pour les patients », *Libération*, 26 octobre 2004.

20. Pignarre P., *Puissance des psychotropes et pouvoir des patients*, PUF, 1999.

21. Voir Gori R., Del Volgo M.-J., *op. cit.*

22. Voir Caverni J.-P., Gori R. (sous la dir. de), *Le Consentement*, In Press, 2005.

23. *Cahiers du Comité consultatif national d'éthique pour les sciences de la vie et de la santé*, n° 17, octobre 1998, p. 9-10.

24. *Ibid.*, p. 12.

25. « Associations de patients : des partenaires à part entière », *Le Quotidien du médecin*, 8 mars 2006.

26. « Apprendre à oublier les acouphènes chroniques », *Le Quotidien du médecin*, 3 novembre 2003.

27. « La thérapie cognitive et comportementale pour traiter l'insomnie », *Le Quotidien du médecin*, 12 avril 2001.

28. « Obésité : les thérapies comportementales ont leur place », *Le Quotidien du médecin*, 6 octobre 2005.

29. « L'effet groupe réduit l'anxiété des cancéreuses », *Le Quotidien du médecin*, 13 octobre 2005.

30. « Trouble anxieux généralisé, des inquiétudes incontrôlables », *Le Quotidien du médecin*, 18 novembre 2002.

31. « La diététique de l'insuffisance cardiaque », *Le Quotidien du médecin*, 20 février 2004. Voir aussi « Une approche novatrice : le coaching-santé à l'épreuve des faits » et « Coaching-santé Upsa, trois cibles supplémentaires » *Le Quotidien du médecin*, 3 décembre 2004 et 7 janvier 2005.

32. « L'alliance thérapeutique » et « Vers un coaching thérapeutique », *Le Quotidien du médecin*, 13 octobre 2005 et 16 septembre 2005.

33. « Le coaching téléphonique a du bon », *Le Quotidien du médecin*, 15 avril 2005.

34. « L'adoption de nouvelles habitudes alimentaires : il faut accompagner le patient obèse », *Le Quotidien du médecin*, 15 mars 2005.

35. « Un partenariat entre le médecin et le patient : le coaching sportif, un modèle pour l'asthme », *Le Quotidien du médecin*, 8 mars 2005.

36. « Counseling et coaching », art. cit.

37. *Ibid.*

38. Joule R.-V., Beauvois J.-L., *op. cit.*

39. « Obésité de l'enfant : dix villes s'engagent pour cinq ans », *Le Quotidien du médecin*, 13 janvier 2005.

40. Foucault M., *Sécurité, territoire, population*, cours au Collège de France, 1977-1978, Gallimard, 2004, p. 50.

41. Chaque jour apporte à ces campagnes téléphoniques leur lot de satisfaction (« L'accompagnement téléphonique est bénéfique pour l'observance », *Le Quotidien du médecin*, 9 décembre 2005).

42. http ://ist.inserm.fr/basisrapports/trouble_conduites/trouble _conduites_synthese. pdf.

43. Cf. Gori, R., « Idéologies scientistes et pratiques sécuritaires », in *Pas de zéro de conduite pour les enfants de trois ans !*, Le Collectif, Toulouse, Erès, 2006, p. 179-162.

44. Azorin J.-M., « Vers une clinique des gens fragiles », *Brochure du laboratoire Lily*, mars 2004, p. 21-22.

45. Petitnicolas C., « La dépression frappe plus de 10 % des jeunes accouchées », *Le Figaro*, 17 janvier 2006. C'est le Dr A.L. Sutter, lors d'un colloque à Paris, mi-janvier 2006, sur les enfants de parents atteints de troubles psychiatriques, qui donne l'alerte sur le taux important, en augmentation, de dépression chez les jeunes accouchées (10 à 15 %).

46. Elias N., *op. cit.*, p. 44.

47. http ://www.sante.gouv.fr/htm/dossiers/t2a.

48. Angel P., Amar P., *op. cit.*, p. 50.

3. De la nécessité d'une cure de désintoxication idéologique

1. *Revue de management et conjoncture sociale*, *op. cit.*

2. Angel P., Amar P., *op. cit.*, p. 67.

3. Pignarre P., *Comment la dépression est devenue une épidémie*, Hachette, 2001, p. 24.

4. Foucault M.

5. Canguilhem G., « Qu'est-ce que la psychologie » (1956), *Études d'histoire et de philosophie des sciences*, Paris, Vrin, 1990, p. 365-381.

6. Rifkin J., *L'Âge de l'accès. La révolution de la nouvelle économie*, La Découverte, 2000, p. 27.

7. Ehrenberg A., *La Fatigue d'être soi*, Odile Jacob Poches, 1998.

8. Cf. Zarifian E., *Des paradis plein la tête*, Odile Jacob, Paris, 1994.

9. Butler J., *Humain, inhumain*, éd. Amsterdam, 2005.

10. Nahon C., 2004, *Destins et figurations du sexuel dans la culture : pour une théorie de la transsexualité*, thèse de doctorat en

psychopathologie fondamentale et psychanalyse de l'université Paris-VII.

11. Foucault M., *Naissance de la biopolitique*, cours au Collège de France, 1978-1979, Gallimard, 2004, p. 232.

12. Angel P., Amar P., *op. cit.*, p. 25.

13. *Ibid.*, p. 27.

14. *Ibid.*, p. 82.

15. Guinochet F., Durieux J.-C., *op. cit.*, p. 68-69.

16. *Id.*

17. Vigarello G., *Histoire des pratiques de santé*, Le Seuil, 1999.

18. Nous empruntons la notion de civilisation aux travaux de sociologie de Norbert Elias qui, dans un autre champ, a défini l'antithèse culture/civilisation.

19. Guinochet F., Durieux J.-C., *op. cit.*

20. *Ibid.*, p. 75.

21. « Adoptez l'attitude coach », *Soins Cadres*, n° 52, 2004.

22. Vigarello G., *op. cit.*

23. Galton F., « Eugenics, its definition, scopes and limits », *Sociological Papers*, Macmillan, 1905.

24. Dans le même sens, Vacher de Lapouge plaidera pour un eugénisme éclairé : « La première chose à faire est d'instruire et de conquérir l'opinion. C'est en ce sens que les sélectionnistes anglais et américains travaillent le plus, et avec raison. La propagation des saines notions sur le devoir envers l'espèce est indispensable, et l'accomplissement de ce devoir ne doit comporter aucune faiblesse, aucun sacrifice aux préjugés de la morale ascétique, ni à l'esprit des lois. » L'auteur songe aux associations « mettant les sujets en contact, facilitant les unions, aidant à l'éducation de leurs enfants, et leur facilitant les moyens d'en augmenter le nombre » (*Les Sélections sociales*, A. Fontemoing, 1896, p. 487, cité par Taguieff P.A., *La Couleur et le Sang, Doctrines racistes à la française*, Mille et une nuits, 1998, p. 128-129).

25. Cité par Drouard A., *Histoire de l'eugénisme en France*, Ellipses, 1995, p. 84.

26. Selon une formule d'A. Carrel qui congédie toute idéologie politique coercitive : « À la vérité, on ne réglera jamais la reproduction des humains comme celle des animaux [...] Il semble donc que, pour être utile, l'eugénisme doive être volontaire. » On peut bien croiser des animaux pour obtenir des races nobles et pures mais il faut se rendre à l'évidence : les hommes ne sont ni des chiens ni des chevaux. C'est seulement « par une éducation appropriée » qu'« on pourrait faire comprendre aux jeunes gens à quels malheurs ils s'exposent en se mariant dans des familles où il existe la syphilis, le cancer, la tuberculose, le nervosisme, la folie ou la faiblesse d'esprit » *(L'Homme, cet inconnu*, Plon, 1935, p. 410).

27. Weber M., *L'Éthique protestante et l'esprit du capitalisme*, Plon, « Presse pocket », 1964, p. 226.

28. Vigarello G., *op. cit.*, p. 283.

29. *Chronique de l'Organisation mondiale de la santé. Constitution et structures*, vol. 1, 1947, OMS, New York éditorial, p. 2. Nous soulignons.

30. Ferguson M., *Les Enfants du Verseau. Pour un nouveau paradigme*, Calmann-Lévy, 1994.

31. À la fin d'une de ses œuvres maîtresses intitulée *La Nouvelle Atlantide*, Francis Bacon répertorie les désirs humains que la médecine du futur sera en mesure de combler : « Prolonger la vie. Rendre, à quelque degré, la jeunesse. Retarder le vieillissement. Guérir des maladies réputées incurables. [...] Transformer la stature. Transformer les traits. Augmenter et élever le cérébral. Métamorphoser un corps dans un autre. Fabriquer des espèces nouvelles. Transplanter une espèce dans une autre. [...] Rendre les esprits joyeux et les mettre dans une bonne disposition » (cité par Howard B. White, *Histoire de la philosophie politique*, chapitre « Bacon », PUF, « Léviathan », p. 403).

32. Gori R., *La Preuve par la parole. Sur la causalité en psychanalyse*, PUF, 1996. Voir aussi Del Volgo M.-J., *L'Instant de dire. Le mythe individuel du malade dans la médecine moderne,* Érès, 1997.

33. Loi n° 75-17 du 17 janvier 1975 sur l'interruption volontaire de la grossesse, article L. 162 : « La femme enceinte que son état place dans une situation de détresse peut demander à un médecin l'interruption de sa grossesse. Cette interruption ne peut être pratiquée qu'avant la fin de la dixième semaine de grossesse. »

34. Heidegger M., « La Question de la technique », in *Essais et Conférences* (1953), trad. A. Préau, Gallimard, 1958.

35. Angel P., Amar P., *op. cit.*, p. 88.

36. Heidegger M., « Sérénité », in *Question III et IV*, Gallimard, trad. A. Préau, Gallimard, « Tel », 1990.

37. *Ibid.*

38. Angel P., Amar P., *op. cit.*, p. 68.

39. Cudicio C., *Comprendre la PNL. La programmation neurolinguistique*, Eyrolles, 2006, p. 14.

40. *Ibid.*, p. 16.

41. *Ibid.*, p. 17.

42. *Ibid.*, p. 25.

43. *Ibid.*, p. 33 : « Phénomène plus remarquable encore, tout se passe comme si l'une des deux personnes guidait l'autre et cela tour à tour, l'une change de posture ou de rythme vocal et l'autre suit. La PNL définit cela par le terme "conduire". »

44. *Ibid.*, p. 34.

45. *Ibid.*, p. 36.

46. *Ibid.*, p. 38.

47. Avis du Comité consultatif national d'éthique, n° 91, avril 2006, « Les problèmes éthiques posés par l'informatisation de la prescription hospitalière et du dossier du patient ».

48. Cudicio C., *op. cit.*

49. Lévinas E., *De l'existence à l'existant* (1947), Vrin, 1973, p. 136.

50. Lévinas E., *L'Au-delà du verset*, Minuit, 1982, p. 177.

51. *Ibid.*

52. Avis du Comité consultatif national d'éthique, n° 91, *op. cit.*

53. Lévinas E., *Éthique et Infini*, Le Livre de poche, 2004, p. 79.

54. *Ibid.* Voir aussi *Humanisme de l'autre homme*, Le Livre de poche, 1987 p. 51 : « Autrui, qui se manifeste dans le visage, perce, en quelque façon, sa propre essence plastique, comme un être qui ouvrirait la fenêtre où sa figure pourtant se dessinait déjà. Sa présence consiste à se dévêtir de la forme qui cependant déjà le manifestait. »

55. Stangerup H., *L'homme qui voulait être coupable*, 1973, Danemark, Payot, 1989 (ce roman nous a été signalé par Ingrid France).

56. Whitmore J., *op. cit.*, p 53.

57. Cottraux J., *La Répétition des scénarios de vie*, Odile Jacob, 2001, p. 21.

58. *Ibid.*, p. 41.

59. Horkheimer M., Adorno T., *La Dialectique de la raison* (1944), Gallimard, « Tel », p. 159.

60. *Ibid.*

61. Whitmore J., *op. cit.*, p 15.

62. Angel P., Amar P., *op. cit.*, p. 3.

63. Guinochet F., Durieux J.-C., *op. cit.*, p. 39.

64. Gori R. et Hoffmann C., *La Science au risque de la psychanalyse*, Érès, 1999.

65. Lévi-Strauss C., *Tristes Tropiques* (1955), Plon, p. 39.

66. http ://www.sfcoach.org/sfcoach/doc : « Une mission de coaching s'envisage sur une période limitée, fixée d'avance. La durée moyenne d'une intervention se situe entre six et dix séances d'une durée de deux heures chacune et espacée d'au moins une semaine. »

67. Guinochet F., Durieux J.-C., *op. cit.*, p. 39.

68. *Revue de management et conjoncture sociale*, *op. cit.*

69. Nietzsche F., *Ainsi parlait Zarathoustra*, Le Livre de poche, 1983.

70. Voir Setton A., *Bible et Management*, Desclée de Brouwer, 2003.

71. « Loué soit mon coach ! », *La Vie*, n° 3118, 2 juin 2005, p. 68.

72. *Ibid.*, p. 70.

73. Platon, *Apologie de Socrate*, trad. E. Chambry, Flammarion, GF.

74. Baudrillard J., *La Transparence du mal, Essai sur les phénomènes extrêmes*, Galilée, 1990.

75. Mill J.-S., *L'Utilitarisme* (1861), trad. G. Tanesse, Flammarion, « Champs », 1988.

76. Stenier B., *Soins Cadres*, n° 51, 2004.

77. Voir Lenhardt V., « Le coaching : à quoi ça sert ? », *Le Figaro*, 20 février 2006 : « En toute personne qui travaille sommeille un champion qu'un entraîneur approprié pourrait réveiller. »

78. Stenier B., *art. cit.*

79. On connaît sa devise, mentionnée dans plusieurs des dialogues socratiques de Platon : « Je ne sais qu'une chose, c'est que je ne sais rien. »

80. Voir http ://www.sfcoach.org/sfcoach/doc : « Les cinq cent soixante professionnels du coaching, membres de la SFCoach, représentent des courants variés de sciences humaines et sociales. Cette diversité, *gage d'ouverture d'esprit et d'échanges,* fait partie des principes fondateurs de la SFCoach. » (Nous soulignons.)

81. Lenhardt V., *Revue de management et conjoncture sociale*, *op. cit.*

82. Avis du Comité consultatif national d'éthique, n° 81, novembre 2003, « Performance et santé ».

83. Coubertin P. de, *Pédagogie sportive*, Lausanne, BIPS, 1936.
84. Sordello J., *op. cit.*, p. 11.
85. *Ibid.*, p. 17 (nous soulignons).
86. Thomas R., *Psychologie du sport*, PUF, « Que sais-je ? », (1983) 2002.
87. Voet W., *Massacre à la chaîne*, Calmann-Lévy, 1999.
88. *Ibid.*, p. 82.
89. *Ibid.*, p. 96.
90. Gori R., *Logique des passions*, Flammarion, 2005.
91. Amendement 52 de la loi du 9 août 2004 de santé publique.
92. Constant B., *Principes de politique*, 1806, XIII, I, p. 333-334.

Conclusion

1. Cf. sur ce point Roudinesco, É., *Le Patient, le Thérapeute et l'État*, Fayard, 2004, et *Philosophes dans la tourmente*, Fayard, 2005.
2. Heidegger M., *Essais et conférences*, *op. cit.*, p. 227.
3. Klemperer V., *LTI, La langue du IIIe Reich*, Albin Michel, 1996, p. 40.
4. Le recours à cette terminologie reflète le profil d'appartenance des coachs. Selon la Société française de coaching, 55 % des coachs sont issus d'une grande école de commerce ou d'ingénieurs.
5. « Des organisations qui auront su entrer dans une démarche pro-active et partagée d'élaboration de leur futur, tout en développant leur flexibilité intrinsèque, disposeront d'atouts considérables pour agir dans leur environnement et construire leur *sécurité ontologique* » (Nicolas Schilfarth, formateur et superviseur de coachs ; http ://www.jbs-coaching.com/vision.asp).
6. Vigarello G., *op. cit.*, p. 300.
7. Gori R. et Del Volgo M.-J., *op. cit.*

Bibliographie

Aïach P., Delanoë D. (sous la dir. de), *L'Ère de la médicalisation*, Anthropos, Paris, 1998.

Adorno T. W., *La Dialectique négative* (1966), Payot, Paris, 2003.

Angel P., Amar P., *Le Coaching*, « Que sais-je ? », PUF, Paris, 2005.

Arendt H., *Condition de l'homme moderne*, Pocket, Paris, 2002.

Baudrillard J., *La Transparence du mal, Essai sur les phénomènes extrêmes*, Galilée, Paris, 1990.

Brunel V., *Les Managers de l'âme*, La Découverte, Paris, 2004.

Butler J., *Humain, inhumain*, éd. Amsterdam, Paris, 2005.

Canguilhem G., *Le Normal et le Pathologique*, PUF, Paris, 1956.

Canguilhem G., « Qu'est-ce que la psychologie ? » (1958), in *Études d'histoire et de philosophie des sciences*, Vrin, Paris, 1994.

Caverni J.-P., Gori R. (sous la dir. de), *Le Consentement*, In Press, 2005.

Constant B., *Principes de politique* (1806), Hachette littératures, Paris, 2006.

Cottraux J., *La Répétition des scénarios de vie*, Odile Jacob, Paris, 2001.
Coubertin P. de, *Pédagogie sportive*, BIPS, Lausanne, 1936.
Delivré F., *Le Métier de coach*, éd. d'Organisation, Paris, 2004.
Del Volgo M.-J., *L'Instant de dire, Le mythe individuel du malade dans la médecine moderne*, Toulouse, Érès, 1997.
Drouard A., *Histoire de l'eugénisme en France*, Ellipses, Paris, 1995.
Ehrenberg A., *La Fatigue d'être soi*, Odile Jacob Poches, Paris, 1998.
Elias N., 1982, *La Solitude des mourants*, Pocket, Paris, 2002.
Fassin N., Memmi D. (sous la dir. de), *Le Gouvernement des corps*, EHESS, Paris, 2004.
Ferguson M., *Les Enfants de Verseau, Pour un nouveau paradigme*, Calmann-Lévy, Paris, 1994.
Foucault M., *Histoire de la sexualité, tome 3 : Le souci de soi*, Gallimard, Paris, 1994.
Foucault M., *Les Anormaux*, cours au Collège de France, 1974-1975, Gallimard, Paris, 1999.
Foucault M., *Sécurité, Territoire, Population*, cours au Collège de France, 1977-1978, Gallimard, Paris, 2004.
Foucault M., *Naissance de la biopolitique*, cours au Collège de France, 1978-1979, Gallimard, Paris, 2004.
Foucault M., *L'Herméneutique du sujet*, cours au Collège de France, 1981-1982, Gallimard, Paris, 2001.
Freud S., *Psychologie des foules et analyse du Moi* (1921), in *Essais de psychanalyse*, Payot, Paris, 1984.
Freud S., *L'Avenir d'une illusion* (1927), PUF, Paris, 2004.
Freud S., *Le Malaise dans la culture* (1930), PUF, Paris, 2004.

Gori R., *La Preuve par la parole, Sur la causalité en psychanalyse*, PUF, Paris, 1996.

Gori R., *Logique des passions*, (2002), Flammarion, Paris, 2005.

Gori R., « *Le coaching* santé : un *psychobuilding* des patients ? », *8e Colloque de médecine et psychanalyse* sous la direction de Danièle Brun, Études freudiennes, Paris, 2006.

Gori, R., Del Volgo M. J., *La Santé totalitaire*, Denoël, Paris, 2005.

Gori R., Hoffmann C., *La Science au risque de la psychanalyse*, Érès, Toulouse, 1999.

Guinochet F., Durieux J.-C., *Toutes les clés d'un bon coaching*, EFS Éditeur, Paris, 2006.

Hacking I., *L'Âme réécrite : Étude sur la personnalité multiple et les troubles de la mémoire* (1998), Le Seuil, Paris, 2006.

Hacking I., *Les Fous voyageurs*, Le Seuil, Paris, 2002.

Heidegger M., « La question de la technique », in *Essais et Conférences* (1953), Gallimard, Paris, 1958.

Heidegger M., « Sérénité », in *Question III et IV*, Gallimard, « Tel », Paris, 1990.

Heidegger M., *Essais et conférences*, Gallimard, Paris, 1969.

Hochmann J., *L'Histoire de la psychiatrie*, PUF, Paris, 2004.

Horkheimer M., Adorno R., *La Dialectique de la raison*, (1944), Gallimard, « Tel », Paris, 1983.

Joule R.-V., Beauvois J.-L., *La Soumission librement consentie*, PUF, Paris, 1998.

Kirk S., Kutchins H., 1992, *Aimez-vous le DSM ? Le triomphe de la psychiatrie américaine*, Synthélabo, Paris, 1998.

Klemperer V., *LTI, La langue du IIIe Reich*, Albin Michel, Paris, 1996.

Lacan J., *L'Éthique de la psychanalyse, 1959-1960*, Gallimard, Paris, 1986.

Lantéri-Laura G., « Introduction générale », *Évolution psychiatrique*, Paris, 2005.

Lecourt D., *Humain, posthumain*, PUF, Paris, 2003.

Lenhardt V., *Les Responsables porteurs de sens, culture et pratique du coaching et du team building*, INSEP consulting edition, Paris, 2002.

Lévinas E., *De l'existence à l'existant* (1947), Vrin, Paris, 1973.

Lévinas E., *L'Au-delà du verset*, Minuit, Paris, 1982.

Lévinas E., Nemo P., *Éthique et Infini* (1984), LGF, Le Livre de Poche, Paris, 1993.

Lévi-Strauss C., *Tristes Tropiques* (1955), Plon, Paris, 1984.

Lepage M., *Demain le capitalisme*, Hachette Littératures, Paris, 1978.

Lukacs G., *Histoire et conscience de classe*, Minuit, Paris, 1960.

Memmi D., *Faire vivre et laisser mourir, Le gouvernement contemporain de la naissance et de la mort*, La Découverte, Paris, 2003.

Mill J.-S., *L'Utilitarisme* (1861), trad. G. Tanesse, Flammarion, « Champs », Paris, 1988.

Miller J.-A., Milner J.-C., *Voulez-vous être évalué ?*, Grasset, Paris, 2004.

Milner J.-C., *La Politique des choses*, Navarin, Paris, 2005.

Nietzsche F., *Ainsi parlait Zarathoustra*, Le Livre de Poche, Paris, 1972.

Pignarre P., *Puissance des psychotropes et pouvoir des patients*, PUF, Paris, 1999.

Pignarre P., *Comment la dépression est devenue épidémie*, Hachette, Paris, 2003.
Platon, *Apologie de Socrate*, trad. E. Chambry, Flammarion, GF, Paris, 1965.
Rifkin J., *L'Âge de l'accès, La révolution de la nouvelle économie*, La Découverte, Paris, 2000.
Roudinesco E., *Le Patient, le Thérapeute et l'État*, Fayard, Paris, 2004.
Roudinesco E., *Philosophes dans la tourmente*, Fayard, Paris, 2005.
Setton A., *Bible et Management*, Desclée de Brouwer, Paris, 2003.
Sordello J., *Coaching du sportif*, Amphora, Paris, 2004.
Stangerup H., *L'homme qui voulait être coupable*, Payot, Paris, 1989.
Thomas R., *Psychologie du sport* (1983), PUF, « Que sais-je ? », Paris, 2002.
Vigarello G., *Histoire des pratiques de santé*, Le Seuil, Paris, 1999.
Whitmore J., *Le Guide du coaching*, Maxima, Paris, 2005.
Voet W., *Massacre à la chaîne*, Calmann-Lévy, Paris, 1999.
Weber M., *L'Éthique protestante et l'esprit du capitalisme*, Plon, Paris, 1964.
Zarifian E., *Des paradis plein la tête*, Odile Jacob, Paris, 1994.
Zizek S., *Le Spectre rôde toujours*, Nautilus, Paris, 2002.
Pas de zéro de conduite pour les enfants de trois ans !, ouvrage collectif, Érès, Toulouse, 2006.

Table

DES MÊMES AUTEURS

ROLAND GORI

Le Consentement. Droit nouveau du patient ou imposture ? (avec Jean-Paul Caverni, ouvrage collectif), In Press, 2006.

La Santé totalitaire. Essai sur la médicalisation de l'existence (avec Marie-José Del Volgo), Denoël, 2005.

Logique des passions, Denoël, 2002.

La Preuve par la parole. Sur la causalité en psychanalyse, PUF, 2001.

La Science au risque de la psychanalyse. Essai sur la propagande scientifique (avec Christian Hoffmann), Érès, 1999.

PIERRE LE COZ

Le Médecin et la Mort, Vuibert, 2006.

Quelle philosophie de la famille pour la médecine de la reproduction?, L'Harmattan, 2006.

CHEZ LE MÊME ÉDITEUR

Claude Allard
L'Enfant au siècle des images

Gérard Bonnet
Défi à la pudeur. Quand la pornographie devient l'initiation sexuelle des jeunes

Patrick Delaroche
La Peur de guérir

Fernando Geberovich
No satisfaction. Psychanalyse du toxicomane

Jean-Marie Jadin
Côté divan, côté fauteuil. Le psychanalyste à l'œuvre

Pr Daniel Marcelli
La Surprise, chatouille de l'âme

L'Enfant, chef de la famille

Les Yeux dans les yeux, l'énigme du regard

Ouvrage collectif dir. par Patrice Huerre et François Marty
Cannabis et adolescence. Les liaisons dangereuses

Serge Tisseron
Comment Hitchcock m'a guéri : que cherchons-nous dans les images ?

Vérité et mensonges de nos émotions

Dr Alain Gérard
Du bon usage des psychotropes : le médecin, le patient et les médicaments

Composition IGS
Impression Bussière, septembre 2006
Éditions Albin Michel
22, rue Huyghens, 75014 Paris
www.albin-michel.fr

ISBN 2-226-17498-2
N° d'édition : 24570. – N° d'impression : 063220/4.
Dépôt légal : octobre 2006.
Imprimé en France.